LA PHILOSOPHIE
DE LA
FOLIE.

Le lecteur trouvera, à la fin de l'ouvrage, une omission essentielle qui devoit aller à la page 93, ligne 10 du texte.

LA PHILOSOPHIE DE LA FOLIE,

Où l'on prouve que cette maladie doit plutôt être traitée par les secours moraux que par les secours physiques;

ET

Que ceux qui en sont atteints, éprouvent d'une manière non équivoque l'influence de la lune.

Seconde Édition revue, augmentée et appuyée sur un grand nombre de différentes observations.

Par JOSEPH DAQUIN, Docteur en médecine de l'Université de Turin; Médecin des hôpitaux civils et militaire; Associé honoraire de l'Athenée de Lyon; de la Société libre d'Agriculture de Chambéry, et de celle de Turin; Correspondant de la ci-devant Société royale de médecine de Paris et de celle de médecine pratique de Montpellier; ex-Professeur d'Histoire naturelle à l'Ecole centrale du département du Mont-Blanc, et Bibliothécaire de la ville de Chambéry.

Multi igitur ab animi pathemate pendentes, blandè ac leniter tractandi sunt: à nimiâ remediorum copiâ et vehementiâ quàm maximè abstinendum.

BAGLIVI praxeos medicæ, lib. I. cap. XIV

CHAMBÉRY,
De l'Imprimerie de P. CLÉAZ, rue Vérité, N.° 162. == An XII. — 1804.

AU DOCTEUR PH. PINEL,

Professeur de l'école de médecine de Paris, Médecin en chef de l'hôpital national des femmes, ci-devant la Salpêtrière, et Membre de plusieurs Sociétés savantes.

J'AVOIS adressé la première édition de cet ouvrage à l'humanité, parce que le sujet paroissoit m'en faire un devoir; mais aujourd'hui j'en remplis un bien plus satisfaisant pour moi, Monsieur, et bien plus conforme à la chose, en vous dédiant cette seconde édition, parce que vous êtes cette précieuse vertu même, personnifiée. Votre écrit sur la Manie *peint tout à-la-fois les sentimens généreux d'une belle ame et la fécondité du génie : on y trouve cette sensibilité sympathisante aux maux d'autrui, à côté des ressources salutaires de l'art pour les soulager. Ne sont-ce pas là des motifs suffisans pour vous présenter le fruit de l'étude que j'ai faite de cette affligeante maladie, appelée Folie, et de l'intérêt que j'ai pris à ceux qui en étoient atteints?*

Je vous l'offre donc comme à l'ami du genre humain, comme à un homme vertueux et éclairé, et comme à un Médecin habile dans toutes les parties de l'art de guérir, et sur-tout dans celle-ci, qui en est la plus épineuse.

Recevez-le, Monsieur, sous ces trois rapports, en témoignage de l'estime sincère et de la considération distinguée de votre serviteur et confrère le Docteur

DAQUIN.

AVANT-PROPOS.

Lorsqu'en 1791 je publiai l'ouvrage dont je donne ici une seconde édition, je n'avois pas des données en assez grand nombre, ni des observations aussi positives et aussi répétées que je les ai aujourd'hui. Il n'avoit encore paru aucun livre sur la *Folie*, comme le *Traité médico-philosophique sur l'aliénation mentale*, du *Docteur Pinel*. Ce titre, qui a beaucoup de rapport avec le titre du mien, *la philosophie de la folie*, forme déja un rapprochement bien satisfaisant et bien flatteur pour moi; mais par la même analogie, il en existe encore un autre, entre les idées du docteur *Pinel* et les miennes, quant à la manière de traiter cette maladie. C'est d'après l'emploi heureux des secours moraux que le docteur de Paris a donné, avec juste raison, le nom de

Traité médico-philosophique sur l'aliénation mentale, à son ouvrage; et c'est d'après plusieurs expériences que le docteur de Turin a donné celui de *la Philosophie de la folie*, au sien. Cette conformité de vues, sans nous connoître, sur un point essentiel du traitement de la folie, est déjà une preuve convaincante de l'excellence d'un moyen, confirmée d'ailleurs par les plus heureux succès. Aussi le doct. *Pinel* avoue-t-il avec une modeste franchise, qu'il a trouvé dans la personne de m.r *Pussin*, surveillant des aliénés de Bicêtre, un supplément très-heureux et éminemment doué de toutes les qualités propres à favoriser ses recherches (1). Quant à moi je n'ai rien trouvé de semblable dans l'hôpital des fous confiés à mes soins: un infirmier peu fait pour cet emploi, honnête, à la vérité, point méchant,

---

(1) Voyez la page 44 de l'introduction de son traité, et le n.o 2 de la 1.re section.

mais d'un caractère dur, regardant peut-être ces malheureux, comme une surcharge à la société, étoit incapable de seconder mes vues, malgré tous les avis de douceur que je ne cessois de lui donner ; des cachots affreux, mal-sains, humides et peu aérés, tels qu'à peine y placeroit-on des animaux ; tout cela, il faut en convenir, étoit de bien petites ressources. Je dois cependant avouer que l'administration des hospices, quoiqu'avec les meilleures intentions, mais gênée dans ses moyens pécuniaires, ne peut et ne pourra peut-être de long-temps corriger la construction vicieuse et insalubre de cet hospice.

Comme le bâtiment est peu spacieux et peu commode, on est contraint de renfermer plusieurs fous dans le même cachot (1): c'est un très-grand inconvénient, et en même temps un des plus forts obstacles à leur guérison.

---

(1) Voyez la section V du traité de M.r Pinel.

Malgré toutes les précautions que je pouvois prendre, de les associer et de les classer suivant les espèces de folie, il en est souvent résulté des scènes affligeantes pour les individus et pour moi. Que faire dans des cas si difficiles ? Gémir et plaindre la société humaine d'être exposée à un semblable fléau. Il y a, il est vrai, un grand clos attaché à l'hospice ; je tâche d'y faire promener quelques-uns des plus tranquilles parmi ces aliénés ; mais à cette pratique dont je me suis toujours assez bien trouvé, se joint encore un obstacle qui contrarie toutes mes vues. Cet enclos est dans le meilleur état de culture possible ; il forme un des plus utiles revenus de l'hospice en fruits, en vin et en jardinage : dans la belle saison, les aliénés, quoique calmes, arrachent, sans savoir pourquoi, les plus belles plantes du jardin ; il semble que leur vigueur et la beauté de leur port frappent davantage leurs sens égarés, et que cette impression les leur fasse préférer pour les gâter et les détruire. Si c'est dans le temps des fruits, le malade tombe avec avidité, et souvent avec indifférence sur tous ceux qui s'offrent à sa vue; il ne choisit pas ceux qui sont mûrs; il saisit la poire, la pomme ou le raisin qui sont encore bien éloignés de leur état de maturité. Il résulte de là un triple inconvénient; celui d'être obligé bien souvent de me désister de ce secours, l'autre la dégradation du jardin, et le troisième d'aggraver leur état par la mauvaise qualité des fruits dont ils gorgent leur estomac; ensorte que pour réussir, suivant mes intentions, il faudroit presque un surveillant particulier à chaque fou, ou tout au moins des gens à gages qui se comporteroient à leur égard, avec toute la douceur et la complaisance requises, et dont l'emploi, pendant le temps que les fous seroient en liberté, consisteroit à les contenir, lorsqu'ils chercheroient à dégrader quelques objets.

Le titre de cet ouvrage paroîtra peut-être singulier; on trouvera sans doute ridicule d'allier le mot qui signifie *amour de la sagesse*, avec celui de *folie*: une telle contradiction, j'en conviens, semble même d'abord assez frappante; mais si le lecteur, avant de juger, daigne se dépouiller de la prévention que peuvent faire naître ces expressions discordantes; s'il veut méditer mes raisons; s'il veut les peser à la balance de l'équité; alors il verra que je n'ai pas si grand tort; alors il sera forcé d'avouer qu'il peut aussi bien exister une philosophie de la folie, qu'une philosophie de tout autre objet; et que j'ai pu, que j'ai dû même parler de philosophie, comme le secours peut-être le plus puissant à employer dans le traitement de la folie. Dailleurs la philosophie est un point intéressant de la médecine, et on devroit même l'appliquer à l'étude et aux progrès de cette science, en formant une liaison entre les sciences médicales et les sciences morales, d'après les rapports qu'elles ont entr'elles, et d'après ceux sur-tout que peut présenter la physiologie aux administrateurs et aux économistes. Il existe déjà, à la vérité, plusieurs ouvrages qui ont traité de la philosophie de différentes sciences, mais la philosophie de la médecine est encore à faire, quoiqu'il fût possible de rassembler quelques matériaux propres à sa confection. Les œuvres d'Hippocrate, de Bacon, de Haller, de La Caze, de Vicq-d'Azir, [illegible] de Dumas et de quelques autres, sont des sources fécondes où l'on pourroit abondamment puiser les principes d'une science aussi essentielle, et qui, malheureusement, manque à la plus importante de toutes.

Sans doute j'ai pu me tromper dans

le cours de ma vie, et peut-être me suis-je trompé dans cet ouvrage: on verra que je l'avoue avec franchise; je rougirois même de le taire. Et qui pourroit se flatter de ne pas faillir? L'étude, seul moyen et sans contredit le plus assuré pour découvrir la vérité, n'a-t-elle pas souvent entraîné dans l'erreur celui qui cherchoit cette vérité avec ardeur, avec courage et de bonne foi? Du moins ce qui doit me tranquilliser, c'est que mon erreur ne prend pas sa source dans mon cœur, elle ne tient qu'à mon esprit.

Le sujet que j'ai entrepris de traiter m'a paru des plus intéressans: c'est la perte de la raison, la dégradation involontaire de cette belle qualité de notre ame, de cette partie qui en constitue l'essence, et qui sépare si éminemment l'homme de tous les autres êtres organisés. En effet, quel malheur accablant! et comment être homme et ne pas s'intéresser à la privation de ce qui lui donne cette supériorité de rang dans l'univers? J'oserois même avancer que celui qui voit un fou sans être touché de son état, ou qui ne le voit que pour s'en amuser, est un *monstre moral.* C'est cet état qui m'a profondement attristé; c'est cet état qui, ne tenant ni de l'homme ni de la brute, mais qui sera toujours fort difficile à définir, m'a mis la plume à la main. J'ai tâché de faire voir que si, dans cette cruelle affliction, il n'est pas toujours possible de guérir par les agens physiques, sans cependant les abandonner totalement; on peut au moins pallier, soulager, et souvent réussir à la détruire complètement par les ressources morales, je veux dire, en apportant dans les soins qu'on leur donne, beaucoup d'humanité; et ce mot renferme sans doute bien plus de choses qu'on ne sauroit l'imaginer; car il signifie, selon moi, une philosophie éclairée, ou la réunion de toutes les vertus.

Parmi le nombre des malheureux atteints de folie et soumis à mes soins depuis dix-sept ans; certainement je n'ai pas toujours réussi, quelques moyens que j'aye employés, mais au moins j'ai la douce satisfaction de les avoir consolé et de n'avoir jamais aigri leurs maux; et si j'ai manqué de talens, je n'ai manqué ni de bonne volonté, ni de persévérance à leur être utile. Je suis toujours entré dans leurs tristes réduits sans crainte, le plus souvent tout seul et sans réfléchir même qu'étant presque toujours méchans, insidieux et doués d'une force surprenante, ils pouvoient attenter à ma vie; mais, l'esprit préoccupé de l'espoir que j'avois d'adoucir leurs maux, je n'imaginois pas même que dans leurs accès ils eussent l'intention d'exercer sur moi leur fureur et leur désespoir. Je puis même assurer, avec la plus exacte vérité, qu'aucun d'eux n'a seulement jamais pris des travers contre moi; quoiqu'il soit bien connu que les fous en prennent communément contre quelques-uns de ceux qui vont les visiter, ou qui sont employés à leur service.

J'ai souvent réfléchi sur l'état des maisons destinées à renfermer les fous, et j'ai cru m'appercevoir qu'il s'en falloit de beaucoup que l'administration médico-économique qui y est adoptée, fût propre à remplir le but proposé, c'est-à-dire la guérison, ou tout au moins le soulagement de cette espèce de maladie. Cette administration me paroîtroit devoir être fondée sur une économie sage, prévoyante, active et sur-tout salubre, mais cependant point trop parcimonieuse; de crainte qu'en voulant augmenter les revenus de la maison, elle ne contribuât peut-être à accroître les maux physiques de ces malheureux.

Je ne voudrois pas, par exemple, que la nourriture des fous fût absolument bien recherchée; je sens même que, dans un hôpital de cette nature, il est impossible de satisfaire tous les goûts et tous les caprices. Les uns ne veulent souvent que du pain; les autres n'aiment que la soupe; quelques-uns désireroient un peu de vin; d'autres le refusent constamment, et tous aiment passionément le fruit; mais il conviendroit au moins que l'administration exerçât une exacte vigilance sur ce qu'on leur donne en général, afin de s'assurer si les alimens quoique apprêtés en grand, le sont assez bien, sur-tout avec cette propreté si essentielle à la santé, et que l'on ne rencontre pas toujours dans les hospices de charité: si la nourriture est communément bien choisie, et particulièrement si le pain est de bonne qualité; si le vin, quoique distribué en petite quantité, n'a contracté aucune espèce d'altération; et sur-tout si les vases destinés à leur usage sont maintenus dans une netteté convenable.

Un des articles le plus important au bien-être des fous, et sur lequel on a mis une indifférence sans doute bien blâmable, est la construction et l'emplacement des loges où ils sont renfermés. Presque par-tout, hormis en Angleterre (1), ce sont des cachots où le jour pénètre à peine; où règne un méphitisme continuel; où l'air extérieur n'a pas un libre accès, et où ce fluide, si nécessaire à notre existence lorsqu'il est bien constitué, ne peut y avoir les qualités essentielles à sa salubrité. Ces réduits sont presque par-tout situés au rez de chaussée; leur sous-pied est le plus souvent pavé de

(1) L'hôpital de Bethleem à Londres est une maison où les fous sont traités avec toute l'humanité et tous les soins imaginables; et on en a bâti un depuis peu à Manchester, dans lequel, d'après le compte qui en a été rendu, les succès ont été étonnans.

cadettes, et en y entrant, on s'apperçoit sensiblement d'une humidité et d'une mauvaise odeur auxquelles se joint encore la puanteur de leurs excrémens. Ah! quelle consolante, quelle douce satisfaction ne doivent pas éprouver les ames sensibles, en visitant les maisons des insensés, lorsqu'elles peuvent remarquer que le poids des misères humaines y est allégé par les secours d'un hospice, pour ainsi dire, amical, et dans lequel il est difficile que les soins en tout genre puissent être plus recherchés et plus étendus? Mais, hélas! la vérité me force d'avouer qu'on est encore bien éloigné de rendre ces établissemens aussi parfaits qu'ils pourroient l'être. Et pourquoi craindrois-je de le dire? La vérité, qui est sacrée pour tous, ne doit-elle pas l'être davantage, lorsqu'il s'agit d'un objet aussi conséquent? Que m'importe d'ailleurs de heurter l'amour-propre des hommes et de blesser leur orgueil, lorsque je m'intéresse à leur bonheur, c'est-à-dire, à leur santé morale? J'ai beau chercher dans les temps anciens; j'ai beau tourner et retourner les feuillets de l'histoire de la médecine; je n'y trouve rien de satisfaisant; je prête une oreille docile et humaine aux cris de ces malheureux; j'interroge l'ordre moral et physique; et nulle part je ne vois qu'on se soit assez intéressé au sort de cette espèce d'infortunés (1). Cependant combien y en a-t-il qui, privés de la raison, offrent à leurs

(1) Il faut néanmoins rendre justice à l'ordre hospitalier de Malte: il existe dans cette île un hôpital dont la fondation se trouve être la seule peut-être sur la terre qui embrasse l'humanité dans le système d'une bienveillance universelle. Mais depuis la première édition de mon ouvrage en 1791, il a paru en 1801 l'excellent traité sur la *Manie*, par le docteur Pinel, dans lequel plusieurs de ses idées s'accordent avec les miennes, à la différence près, cependant, que l'ouvrage du Professeur de l'école de médecine de Paris se ressent de la main d'un maitre, et le mien de celle d'un écolier.

semblables un spectacle bien triste et bien humiliant? Combien donc les travaux, la misère, les chagrins, sources de cette funeste maladie, commencent avant le jour et se prolongent bien avant dans la nuit? Ah! vous riches, vous égoïstes; tandis que vous prodiguez les trésors de la fortune et les avantages d'une santé précieuse, songez-vous à ce grand nombre d'infortunés qui, abbatus par les maladies, ou couverts d'ulcères souvent hideux à celui même qui les porte, sont entassés dans les hôpitaux, où l'attente de leur guérison se convertit souvent en un désespoir cruel, si ce n'est plutôt en une mort lente et douloureuse.

Mais auroit-on donc négligé les hospices particulièrement destinés aux insensés, parce qu'on guérit plus rarement ces malades que les autres; parce qu'il y a souvent du danger à les approcher, et presque toujours du dégoût à les soigner; parce qu'enfin le préjugé où l'on est que les fous ne sont plus propres à rien, quand même ils viendroient à recouvrer leur raison, nous fait sans doute contracter une indifférence absolue sur leur sort, et une habitude devenue presque générale de les regarder comme des êtres entièrement ignorés et totalement séparés du reste des hommes? De semblables motifs devroient au contraire, ce me semble, être une raison puissante pour leur tendre une main compatissante; parce que plus on les regarde, pour ainsi dire, comme le rebut de l'espèce humaine, plus ils sont dignes d'une pitié douce, vigilante et recherchée. On a élevé à grands frais, chez plusieurs nations, des bâtimens somptueux, vastes et commodes, pour les défenseurs de la patrie, dont les membres mutilés les mettent dans l'impossibilité de pourvoir à leur subsistance. A Dieu ne plaise que mon dessein fût de blâmer de pareils établissemens; bien au contraire, cette classe d'hommes précieux qui bien souvent ne jouissent de la vie que dans une portion de leur corps, mérite, sans contredit, tous les soins et tous les égards dûs à leur bravoure et à leur intrépidité; mais les insensés, ces êtres qui, le plus souvent, ne se doutent pas même de leur existence; dont la plupart ne songent pas seulement aux besoins journaliers de première nécessité, ou qui sont absolument incapables de s'en procurer les objets; ces êtres, dis-je, n'ont-ils pas aussi le droit d'exiger de la société des commodités et des attentions assez scrupuleuses, qui puissent suppléer au défaut de leur raison et à l'aliénation de leur esprit? Tout au moins devroit-on les soigner aussi bien que ces animaux rares et curieux rassemblés et entretenus à grands frais, pour l'avantage de l'instruction, dans des ménageries où rien ne leur manque de tout ce qui peut faire jouir long-temps du plaisir de les étudier en les observant. Mais je m'arrête: contentons-nous de gémir sur les inconséquences des hommes; ce n'est pas ma tâche d'en crayonner le tableau; je dois me borner à tracer celui de cette triste et désolante maladie qu'en général on appelle *Folie*.

La critique peut, sans doute, s'élever contre mes idées et ce que je propose dans cet ouvrage; je la respecterai si elle est honnête et décente; je l'écouterai et me conformerai volontiers à ses avis, si elle est judicieuse, et sur-tout si elle ne se ressent pas de la maladie dont il est ici question; mais, quant aux faits observés sur l'influence lunaire, je les crois à l'abri de toute contestation raisonnable.

LA PHILOSOPHIE DE LA FOLIE.

QUELLE affligeante entreprise que celle de descendre dans des cachots pour y observer l'homme désorganisé dans la plus belle partie de son être, et décrire cette désorganisation ! Quelle triste science que celle où l'individu qui en fait son étude, est obligé d'examiner d'autres individus de même nature que lui, mais qui, cependant, n'étant pas lui, paroissent n'avoir qu'un état intermédiaire entre l'homme et la brute! Cet état est la *folie*; et cette science est la médecine; ses vues, qui tendent toujours au soulagement des maux dont nous sommes sans cesse assaillis, ne sont pas toujours remplies; et si la profession du médecin est pénible en tout point, elle le devient encore bien davantage lorsque son ministre, quoique ne luttant pas ici immédiatement contre la mort, est cependant obligé de visiter des hommes dont les fonctions intellectuelles sont décomposées; lorsqu'il faut déraisonner, pour ainsi dire, avec eux, écouter tout ce que l'esprit humain peut enfanter de plus extraordinaire; et sur-tout lorsqu'il s'agit de les soigner, de trouver des moyens, sinon pour les guérir entièrement, du moins pour les soulager et adoucir leur sort qui, peut-être, est bien moins digne de pitié qu'on ne pense, parce que, n'ayant pas le véritable, le juste sentiment de leur situation, ils sont par conséquent incapables d'y réfléchir, et hors d'état d'apprécier toute l'étendue de l'infortune dans laquelle ils sont plongés!

Quel sujet de méditations pour le philosophe, et sur-tout pour le philosophe médecin! Observer l'homme ainsi dégradé dans la plus belle et la plus noble partie de lui-même ; le voir souvent incapable de recevoir les impressions que communiquent les sens ; être insensible même à celles que cause l'intemperie des saisons ; braver les menaces et les cruautés que l'on exerce sur eux, et souvent ne donner pas même le moindre signe de douleur aux coups dont on les frappe, ni aux châtimens qu'on leur fait subir ; enfin n'ayant pas seulement, à ce qu'il paroît, l'idée de leur propre existence. Telle est en raccourci la peinture fidelle et malheureusement trop vraie de la situation des fous, de ces hommes isolés, abandonnés de toute la nature, que l'on fuit, que l'on est obligé de fermer dans des cachots comme des bêtes féroces, et que la curiosité, malgré la crainte qu'ils inspirent, nous pousse souvent à visiter comme les animaux que l'on tient dans une ménagerie.

Venez donc, hommes fiers et hautains qui méprisez vos semblables! entrez avec moi dans ces réduits horribles, et là vous apprendrez où peut aller finir votre morgue insolente? Venez, vous ambitieux, qui courez aux honneurs et à la domination? je vous y montrerai un de vos semblables, qui naguères suivoit votre même carrière; et vous verrez à quel état l'a réduit sa passion démesurée. Que les savans, les hommes de génie, les gens de lettres, viennent y contempler ce qu'est devenu l'organe qui produisoit autrefois ces chefs-d'œuvre de l'esprit humain, et qu'ils observent ce qu'il produit aujourd'hui? Comparez l'état de ce cerveau qui enfantoit dans un temps des ouvrages admirés de tout l'univers, et qui maintenant est incapable de mettre aucune liaison dans ses idées, chez qui elles n'ont aucun rapport entr'elles, et dont les combinaisons extravagantes ne forment plus que des résultats qui leur sont analogues? Comparez, dis-je, l'état de cet organe avec celui de Newton, de Leibnitz, de Jean-Jacques, avec le vôtre même, et gémissez d'une pareille subversion dans l'ordre naturel? Et vous, hommes sensibles, dont le cœur tendre s'enflamme avec vivacité et se laisse facilement aller aux charmes d'un objet séduisant! pénétrez dans ces retraites obscures? et vous serez témoins de tout le désordre qu'a causé dans cette jeune personne la passion, à la vérité la plus vive de la nature, mais en même temps la plus fougueuse que je connoisse: voyez la nudité de tout son corps et la malpropreté dans laquelle elle aime à le tenir? Ecoutez les propos obscènes qu'elle tient, et les paroles du débauché le plus effréné qu'elle ne cesse de proférer, tandis qu'autrefois, douée de ce bel apanage de son sexe, la pudeur, elle auroit rougi jusqu'au blanc des yeux d'un mot qui eut pu donner lieu à la moindre interprétation équivoque. Venez enfin, fanatiques et superstitieux, qui envisagez la Religion sous un aspect bien différent de ce qu'elle est réellement, et qui la faites voir aux autres par vos yeux? Venez y contempler ce malheureux qui, né avec un caractère doux et bienfaisant, est tout-à-coup passé à l'état d'un furieux, parce qu'ayant douté un instant de l'étendue de la miséricorde divine, il s'est imaginé qu'il ne pourroit jamais obtenir le pardon de ses erreurs? N'êtes-vous pas effrayés des attitudes terribles et menaçantes de son corps, des blasphêmes exécrables qu'il vomit contre l'univers entier et sur-tout contre les ministres du Dieu de paix? Ces cris affreux qu'il pousse, ces convulsions dont son corps est agité, cet état de désespoir qui lui donne la force de briser tout ce qui tombe sous sa main et d'abattre les murs qui le séparent du reste des hommes, ne sont-ils pas suffisans pour vous inspirer de l'effroi et de la compassion?

Après un semblable tableau, sans doute aussi humiliant qu'il est vrai, la plupart des hommes devroient être sans cesse en garde contre cette multitude de passions dont ils sont tourmentés, et qui les conduisent ordinairement à cet état funeste: cette peinture devroit leur servir de préservatif, et leur inspirer une salutaire frayeur qui les garantiroit de tomber dans un abîme de dégradation. Cependant je n'ai encore décrit que le plus petit nombre des espèces de démences, et même les plus communes dont le genre humain soit attaqué; mais elles n'en sont pas moins les plus affreuses et celles qui inspirent le plus de compassion. Combien de nuances, combien de degrés entre celles même dont je viens de crayonner les symptômes? Combien d'individus qui, sans avoir les convulsions de la colère et les élans de la fureur, annoncent des aliénations qui les excluent de la société? Combien de ces folies tranquilles et, pour ainsi dire, douces; combien de ces folies muettes et silencieuses, incapables, à la vérité, de troubler l'ordre social, mais incapables en même temps d'en remplir les devoirs? Quelle variété même n'observe-t-on pas, parmi celles qui sont froides et tristes; et quelle différence totalement contraire entre celles qui sont gaies, qui, paroissant n'avoir en vue qu'un objet rare ou singulier, présentent une situation aussi capable d'exciter le rire, que d'exciter la pitié? Et cette maladie, qui se montre sous tant de faces, quoique non douloureuse, en doit-elle moins être rangée dans la classe des maux physiques?

Lorsque j'entrepris cet ouvrage, je me proposai seulement de parcourir rapidement tous ces différens genres de folie; il eut été difficile, sans faire un gros volume, de les analyser à fond, et d'indiquer un traitement analogue; il auroit fallu pour cela plus de talens que je n'en ai, et plus de temps que ne m'en laisse la pratique de la médecine. Un hôpital plus spacieux et plus riche auroit fourni un plus grand nombre d'observations; elles auroient été autant de données dont on seroit parti pour tirer des conséquences beaucoup plus avantageuses à ces sortes de malades; on auroit pu y joindre des détails anatomiques sur les ouvertures des cadavres des fous; car l'on peut dire, à la honte, non pas de l'art, mais bien des artistes, qu'elles ont été infiniment négligées. Peu d'auteurs même se sont attachés à l'observation des fous, encore moins à leur traitement; soit par la crainte qu'ils inspirent, soit par le dégoût qu'entraînent avec lui les soins qu'on doit leur donner, soit peut-être à cause du trop funeste préjugé où est le plus grand nombre des médecins, de regarder cette maladie comme presque incurable; ils pensent communément que dès qu'un homme a donné des signes de démence, on doit aussitôt le renfermer parce qu'il peut nuire à ses semblables, ou parce qu'il ne peut plus leur être utile en rien. Quelques-uns même ont une routine dans le traitement de cette maladie, qu'ils emploient presque dans tous les cas; et lorsqu'ils ont épuisé toute leur science routinière sur eux, qu'ils les ont fatigué et rebuté, soit par la quantité de leurs remèdes, soit par ceux qu'ils ont donné à contre-sens; lassés à la fin eux-mêmes autant que les malades, ils les abandonnent à leur triste sort, jusqu'à ce qu'il plaise à la providence d'en décharger le globe, ou à la bienfaisante nature de les guérir: souvent encore la multiplicité des moyens ne laissant pas le temps à cette même nature de réunir ses forces pour se débarrasser, fait passer ces infortunés d'un degré de cette maladie à un autre beaucoup plus fâcheux, et dans lequel, étant incapables de supporter l'action des secours bienfaisans que pourroit encore leur administrer une main sage, prudente et humaine, ils ne sont plus dès lors susceptibles d'aucune guérison.

J'ai fouillé dans plusieurs auteurs afin de m'assurer si j'y découvrirois quelque chose d'analogue à mes idées sur la folie, et je n'ai rien trouvé de satisfaisant. Les sociétés littéraires même et les académies ne se sont guère occupées de cet objet : plusieurs d'entr'elles ont proposé des prix chaque année ; des hommes vertueux en ont même fondé, dans différens endroits, pour divers objets, à la vérité très-utiles ; mais aucun n'a songé à ces malheureux individus, et aucune de ces sociétés ne s'est mise en état de faire connoître sur cette maladie une méthode raisonnée et une marche avantageuse pour traiter cette sorte de malades, jusqu'à celle que propose le docteur Pinel.

Ce n'étoit pas mon intention de donner, dans la première édition de cet ouvrage, un traité complet sur la folie: quelques auteurs en ont parlé, à la vérité, d'une manière didactique; mais ils se sont bornés à la grande division de la folie en mélancolie et en manie; ils ont annexé l'une à l'autre, et ont compris, sous ces deux dénominations, toutes les différentes espèces de cette maladie; ils n'ont établi de traitemens que pour ces deux espèces, et n'ont rien offert de particulier pour les autres. Mon dessein fut seulement alors d'en parcourir les différentes branches en général, sans entrer dans beaucoup de détails, et sur-tout de constater l'influence lunaire sur cette affligeante maladie. J'ai cherché à me rendre autant intelligible à ceux qui ne sont pas médecins, qu'à ceux qui le sont, et à devenir, par là sur-tout, utile aux maisons dans lesquelles sont renfermés ces malades, ainsi qu'aux administrateurs de ces mêmes établissemens.

Si on veut reconnoître la folie sous toutes ses faces et dans toutes ses nuances, puisqu'elle en a beaucoup, il faut la définir et en donner une idée claire et précise, afin de ne pas s'y méprendre pour peu qu'on la suive; car il n'est pas nécessaire d'être absolument maniaque pour qu'il soit décidé qu'on est fou: il seroit même à propos d'assigner une ligne de démarcation, pour ainsi dire, entre le dernier degré de raison et le premier de la folie. Les médecins ne se sont pas assez attachés à désigner positivement ces deux degrés pour les présenter clairement aux jurisconsultes, lorsqu'il s'agit de juger l'état civil d'un individu sur ce point, et d'apprécier si ses actions s'écartent des routes ordinaires du bon sens, tant à l'égard de sa famille, de ses parens et de ses amis, qu'envers le reste de la société, dont il fait partie. C'est en pareil cas que l'on doit user de beaucoup de prudence et de précautions, avant de constater la folie.

Qu'est-ce donc que la *folie*? La folie est en général cet état dans lequel l'exercice des opérations de l'ame ou de l'esprit ne se fait pas complètement, ni toujours suivant les lois de l'ordre naturel, c'est-à-dire, dans lequel cet exercice est contraire à la raison, qui doit elle-même être considérée comme le résultat de toutes ces différentes opérations bien conduites. Cette définition peut ne pas être jugée exacte par tous les lecteurs; cependant si on veut y réfléchir, on verra que la maladie appelée *folie*, n'est pas la même chez tous, qu'elle n'est pas toujours constante, et qu'elle n'affecte pas non plus toujours, tout à la fois, toutes les opérations de l'esprit, et que conséquemment cette définition paroît en renfermer toutes les espèces en général, de manière que pour peu qu'on observe un fou, qu'on s'entretienne avec lui, ou qu'on le fréquente pendant quelque temps, il est impossible de ne pas décider avec assurance s'il l'est, ou s'il ne l'est pas. Ainsi il sera donc certain qu'un homme est atteint de folie, toutes les fois qu'il s'écartera des règles de la raison, soit dans ses pensées, soit dans ses discours, soit dans les actions ordinaires de sa vie, parce que la folie, quoiqu'elle admette l'exercice de toutes les opérations de l'ame, est exactement le contraire de la raison. Mais, pour bien appercevoir le contraste qu'il y a entre la *folie* et la *raison*, ne conviendroit-il pas aussi de définir ce qu'on doit entendre par la *raison*; afin d'apprécier au juste l'état du fou et celui de l'homme raisonnable?

Les philosophes et les médecins sur-tout n'ont pas assez approfondi cette matière; chacun parle de folie, chacun profère le mot de raison, et ce qui sépare parfaitement ces deux états n'est peut-être pas encore exactement déterminé; ensorte qu'il pourroit bien se faire que celui qui se trouveroit hors des limites de l'un ou de l'autre, seroit dans un état tellement rare, que, dans l'acception rigoureuse des termes, on ne pourroit le regarder ni comme un fou, ni comme un être raisonnable. Or la *raison* est, à mon avis, cette faculté par excellence qui emploie toutes les autres facultés dont la nature a pourvu chaque homme pour découvrir la vérité, en tant qu'elle lui est nécessaire soit pour sa conservation, soit pour son bonheur, soit pour le bien général de la société; dont l'évidence des objets frappe son esprit et lui enlève son consentement; ou plutôt la *raison* est la connoissance du vrai, et la folie la privation de cette connoissance.

Ainsi je crois que s'il n'est pas aussi aisé de classer les fous, il sera du moins facile de les reconnoître et de ne pas les confondre avec les autres individus de la société : il me paroît même que les différentes aliénations d'esprit peuvent être comprises dans la série suivante ; les fous à lier, comme les fous tranquilles ; les extravagans, comme les insensés ; les imbécilles, les crétins, comme ceux qui sont simplement en démence. Car, quoiqu'il y ait encore différens degrés entre ces espèces de folie, cependant chacun des malheureux qui seront dans cet état, n'aura pas la faculté naturelle de distinguer le vrai physique du vrai moral adapté à sa conservation, par conséquent à son bonheur et à celui de la société.

Dans le *fou furieux* ou *maniaque*, on observe que toutes les facultés intellectuelles sont dans une vivacité et une activité absolument contre nature; tout est outré chez lui, ses mouvemens physiques et moraux passent les bornes naturelles; il a une force musculaire surprenante, jusqu'à briser les chaînes dont il est enlacé, à rompre les murs qui le renferment; l'individu même qui tient à ce sexe aimable, frêle et délicat, dont le caractère distinctif est la douceur, devient alors, pour ainsi dire, un ours furieux; son imagination ne voit que des ennemis, et ses pensées ne sont que colère et emportemens; toutes ses attitudes sont forcées, et rien chez lui ne ressemble plus à ce qu'il étoit avant la perte de sa raison.

Dans le *fou tranquille*, au contraire, tout y est en opposition avec le fou furieux: celui-là paroît continuellement réfléchir; il parle peu ou presque point: on diroit qu'il est absorbé dans de profondes méditations; il garde constamment la place qu'il a choisie, ne s'agite presque pas, et le repos semble être l'état où il se plaît le plus. Cependant on ne doit pas se fier à cette morne tranquillité qui n'est souvent qu'insidieuse et traîtresse, ce qui la rend d'autant plus dangéreuse : car au moment qu'on le croit le plus calme, il cherche à vous nuire ou à s'échapper ; ou bien il vous tend des pièges méchans et artificieux dans lesquels souvent la plus grande prudence n'empêche pas de tomber. Si vous l'interrogez, rarement répond-il ; si vous le forcez à répondre (et rarement on y parvient), alors il est aisé de s'appercevoir que sa raison est en défaut, que ses propos n'ont aucune liaison, ni aucun rapport entr'eux, et qu'il est par conséquent incapable de connoître la vérité relativement au bien commun de la société, moins encore au sien propre.

L'*extravagant* n'observe et ne connoît aucune des règles de la raison ; il ne suit que ses caprices, il passe à chaque instant d'un objet à un autre, sans s'arrêter à aucun: c'est une volubilité étonnante dans la parole, il ne vous donne pas le temps de placer un mot: c'est une foule d'idées singulières et incohérentes qui se suivent avec une rapidité inconcevable et qui, pour ainsi dire, se confondent. Il est difficile de comprendre comment le *sensorium commune* peut fournir des idées avec tant de précipitation et d'impétuosité; et comment les muscles de la langue peuvent subir autant de contractions et de relâchemens alternatifs et continuels pour l'exécution de ses mouvemens. Le fou extravagant est vraiment l'opposé du fou stupide; il va, vient et est dans une agitation de corps continuelle; il ne fait nulle attention à ce qu'on lui dit; il ne craint ni danger ni menaces; mais cependant il ne nuit jamais à personne, ou du moins très-rarement. Comment donc cet état pourroit-il être celui de la raison, qui est sage et modérée dans toutes ses opérations, dont tous les discours conviennent au sujet qu'elle traite, et dont les actions ont toute la moralité qu'exigent les circonstances ?

Le fou que j'appelle *insensé*, est celui qui manque par l'esprit, qui délire froidement, qui paroît dépourvu de lumières, et qui a les idées très-bornées ; ce seroit un fou extravagant si ses idées, ses actions et ses paroles en avoient la vivacité et la pétulance ; il tient le milieu entre l'extravagant et le fou imbécille. Comme il ne connoît non plus ni crainte ni danger, il n'a et ne peut guères avoir quelque sorte de prévoyance, pas même pour ce qui pourroit lui être un peu avantageux ; sa raison étant donc en défaut, il n'est susceptible d'aucune ou de peu de réflexions, et tout se réduit presque, chez lui, à satisfaire les besoins les plus ordinaires de la vie. Le fou insensé, d'après ce que je viens de dire, seroit donc tout-à-fait l'opposé de l'homme prudent.

Dans le *fou imbécille*, dans le *crétin*, les fonctions intellectuelles paroissent être dans une très-grande altération; ils se conduisent par les impulsions d'autrui, sans nulle espèce de discernement: il paroît que les fous imbécilles n'ont point d'idées de leur propre fond, et que chez eux les différentes parties du cerveau manquent, pour ainsi dire, de mouvement; et c'est, sans doute, par là qu'ils se trouvent privés de raison. Peut-être que, si on examinoit avec beaucoup d'attention les diverses actions des imbécilles, des crétins, il seroit possible de découvrir jusqu'à quel point leur imbécillité dérive de l'absence ou de la foiblesse de quelques-unes des facultés de l'esprit, ou de ces deux causes à la fois. Car s'il y a privation totale de l'une de ces facultés, ou s'il y a seulement une lésion quelconque, l'entendement humain ne peut que se ressentir du vice que doit produire cette absence ou ce dérangement.

Enfin il paroît que ce qui fait la différence entre les imbécilles et les autres fous; c'est que ceux-ci lient ensemble des idées mal assorties, d'où il résulte ensuite des actions et des propos extravagans, d'après lesquels cependant ils raisonnent et agissent quelquefois avec justesse; au lieu que ceux-là ne forment que très-peu ou point de jugemens, ne conçoivent rien de ce qu'on leur dit, ni à ce qu'on leur fait, et ne raisonnent point. Ce sont, pour ainsi dire, des automates; il paroît même qu'il n'y a qu'une légère nuance de l'imbécille au stupide; et si la bêtise est l'opposé de l'esprit, on peut dire que la stupidité l'est de la conception.

L'état de *démence* est celui où la raison est tellement affoiblie, que celui qui en est atteint, ne sait pas si ce qu'il dit et ce qu'il fait, est bien ou mal. Les mots de démence, d'imbécillité et de folie seroient donc à peu près synonimes, avec cette différence cependant entre la démence et l'imbécillité, que la première est une privation absolue de raison, tandis que l'autre n'en est qu'un affoiblissement; et que toutes deux diffèrent de la folie, en ce qu'elles indiquent un état habituel de privation ou de foiblesse du sens commun; au lieu que la folie ordinaire ne semble dénoter qu'un dérangement fougueux et momentané de l'imagination, qui, cessant par intervalle, paroît et disparoît alternativement.

Comme les trois grandes facultés de l'ame sont l'imagination, la mémoire et la raison; cette dernière doit être, de toutes, celle qui forme, pour ainsi dire, le complément de l'entendement; elle n'est donc autre chose que la connoissance de la manière dont nous devons régler les opérations de notre esprit. Ces trois opérations se prêtent mutuellement des secours, et le raisonnement qui s'ensuit n'est qu'un enchaînement de jugemens qui dépendent les uns des autres; dès que ces jugemens n'ont plus aucune liaison entr'eux, que la série en est interrompue, il doit nécessairement arriver un désaccord entre les facultés de l'ame; la confusion dans les idées se met de la partie, et donne naissance à cet état caractéristique de la folie. Car de deux hommes, dans l'un desquels les idées n'ont jamais pu se lier, et chez qui, dans l'autre, elles se lient avec tant de facilité et de force, qu'il n'est plus possible de les séparer; le premier seroit sans imagination, sans mémoire, et n'auroit par conséquent l'exercice d'aucune des opérations que celles-là doivent exécuter; il seroit absolument incapable de réflexion, il seroit un imbécille: l'autre au contraire auroit trop de mémoire, trop d'imagination, et cet excès produiroit presque le même effet qu'une entière privation de l'une ou de l'autre; il auroit à peine l'exercice de sa réflexion; ce seroit un fou extravagant; les idées les plus disparates fortement liées dans son esprit par la seule raison qu'elles se sont présentées ensemble, les lui feroit croire naturellement liées entr'elles, et il les mettroit les unes à la suite des autres, comme de justes conséquences.

Quoique la folie en général admette l'exercice de toutes les opérations de l'ame; c'est une imagination déréglée qui les dirige, et la folie n'est malheureusement séparée de l'imagination ardente que par une nuance imperceptible. On pourroit même conclure que les fous ne jouissent pas seulement de l'instinct qui lui-même n'est qu'une imagination dont l'exercice n'est point du tout à nos ordres, et qui paroît exclure la mémoire, la réflexion et les autres opérations de l'esprit: les fous ne sont d'ailleurs guères susceptibles de réflexion; celle-ci conduit nécessairement à l'attention qui, nécessitant elle-même la liaison de nos idées, occasionne la mémoire; deux opérations de l'ame dont jouissent peu ou presque pas les fous, car ils ne font guères attention à ce qu'on dit ou à ce qu'on fait. La plupart ne se ressouviennent pas des propos qu'ils ont tenus, ou des actions qu'ils ont faites: les coups et les mauvais traitemens sont presque la seule chose qui leur fasse impression et dont ils conservent en quelque façon le souvenir. Cependant la mémoire, chez les fous, n'est pas si incertaine en général, qu'on seroit tenté de le croire; et j'ai plusieurs observations du contraire.

OBSERVATIONS.

La première est un de mes fous qui, à chaque visite que je lui faisois, me remettant des lettres ou des mémoires pour différentes personnes, n'a jamais manqué de me demander, dès que j'entrois dans sa loge, avant même de lui adresser la parole et sans aucune cause qui pût lui en rappeler le souvenir, si j'avois remis sa lettre ou son mémoire à celui à qui il l'avoit adressé.

La seconde est celle d'un homme âgé de près de 70 ans, qui, exerçant la profession de commissaire rénovateur de fiefs, devint fou à l'âge de 25 à 30 ans, à la suite d'un travail excessif et assidu dans cet état, qui exigeoit d'ailleurs beaucoup de contention d'esprit, sur-tout dans le calcul. Cet homme est de l'espèce des fous que j'appelle *extravagans*. Il jouoit assez bien le piquet et le jeu appelé de la *brusquembille*, avant d'être fou, et joue encore bien aujourd'hui l'un et l'autre avec la même présence d'esprit et la même précision que lorsqu'il avoit toute sa raison. Il se rappelle infiniment mieux toutes les règles de ces deux jeux, et la manière de les bien jouer, que ceux qui les jouent tous les jours; il est même difficile de le gagner, sur-tout à la brusquembille, parce qu'il se ressouvient très-exactement de toutes les différentes cartes qui ont passé dans le courant de la partie; mais, ce qu'il y a de plus singulier, c'est que jamais il n'extravague pendant qu'il joue, quel long-temps que dure le jeu; et si on lui donne quelque commission à faire dans ou hors de l'hôpital, de quelle nature qu'elle soit; sa mémoire est tellement présente, qu'il exécute ce qu'on lui a donné à faire ou à dire, avec la plus grande ponctualité, sans manquer à la plus petite circonstance.

Comme nos opérations intellectuelles sont excitées par les sensations, et que la volonté dépend en grande partie de ces dernières; comme la liaison entre les sensations et la volonté s'opère toujours par l'intervention des fonctions du cerveau, on peut à peine douter que les opérations intellectuelles ne dépendent de certains mouvemens et de la différente modification de ces mouvemens dans le cerveau même. « Car, afin que » l'exercice de nos fonctions intellec- » tuelles se fasse convenablement, » dit le savant Cullen, » il est néces- » saire que l'excitation du cerveau soit » complète et égale dans chaque » partie de cet organe; et si quel- » ques parties du cerveau sont plus » excitées les unes que les autres, » ou plus capables de l'être, il en » résultera de fausses perceptions, » de fausses associations et de faux » jugemens ».

Il y a des égaremens d'esprit auxquels on ne pense pas seulement à donner le nom de folie; cependant tous ceux qui ont leur cause dans l'imagination, devroient être mis dans la même classe. Si on ne déterminoit la folie que par la conséquence des erreurs, il seroit difficile de fixer le point où elle commence; car toute erreur qui nous entraîne, et qui souvent est le produit de nos passions portées jusqu'à l'aveuglement, est folie, puisque l'aveuglement moral est son caractère distinctif. Que quelqu'un, par exemple, commette une action criminelle avec connoissance de cause, c'est un scélérat: qu'il la commette persuadé qu'elle est juste, c'est un fou. On pourroit même ajouter que la misantropie devroit être regardée comme une folie triste; la colère, comme une folie impétueuse; la vengeance, qui a toujours devant les yeux un outrage imaginaire ou réel, et l'envie, pour qui tous les succès d'autrui sont un tourment, seroient des folies douloureuses. La folie consisteroit donc dans une imagination qui, sans qu'on s'en doute, associant des idées d'une manière tout-à-fait désordonnée, influeroit sur nos jugemens ou sur notre conduite; et, d'après ces considérations, il paroîtroit vraisemblable que peu de gens en seroient exempts. Le plus sage ne différeroit alors du plus fou, qu'en ce que, dans celui-ci, les travers de son imagination ne tombant que sur des objets hors du cours ordinaire de la vie, le mettent moins visiblement en contradiction avec le reste des hommes. Qu'on suive un homme sur-tout dans ses projets de conduite, dans son train de vie; car c'est là, pour la plupart, l'écueil de la raison.

Il y a une infinité de causes qui déterminent ou qui produisent la folie; mais le germe de cette maladie est, sans contredit, bien plus promptement développé chez ceux où il se rencontre déjà une disposition héréditaire. Et pourquoi la médecine, au lieu de tourner ses vues du côté de la guérison de cette maladie, ne s'est-elle pas

aussi

aussi attaché à la prévenir dans les familles chez lesquelles des individus en ont été atteints? Je sens que l'amour propre, dans ces circonstances, est un obstacle puissant aux sages efforts qu'auroit pu mettre en pratique cette science; mais, de bonne foi, qu'est-ce que cet amour propre, sans doute, mal entendu, vis-à-vis de l'affliction que cause cette maladie à toute une parenté, et la pitié qu'excite le malheureux qui en est la victime?

Parmi les causes de la folie, il y en a de physiques et de morales. On doit mettre au nombre des causes physiques, la plupart des altérations organiques du cerveau, produites par l'engorgement des fibres médullaires, ou par leur compression quelconque; ou par trop de sécheresse et de rigidité, ou par trop de mollesse et de flaccidité; ou quand elles sont plus abreuvées que ne le comporte leur état naturel; ou enfin lorsqu'il se rencontre des callosités dans les membranes mêmes du cerveau. Cependant, comme les fonctions de ce viscère ne sont encore que très-peu connues, et qu'une obscurité assez profonde régne sur cet objet, on n'est pas encore parvenu à découvrir l'influence que les diverses parties composant cet organe ont sur ses opérations. Tout ce qu'on sait, c'est que, dans la folie, le cerveau et l'origine des nerfs sont le plus communément affectés. Il est donc très-difficile de connoître au juste quelle est la disposition physique qui peut donner lieu aux divers changemens de nos fonctions intellectuelles.

Il n'est pas douteux que les différens mouvemens du sang dans les vaisseaux du cerveau ne contribuent aussi beaucoup à la diversité des opérations de notre esprit. Les découvertes en anatomie n'ont pu fournir encore que quelques apperçus sur ces mouvemens et sur les qualités des fluides qui s'y meuvent ; cependant il est certain que nos facultés intellectuelles varient souvent, sans qu'on puisse entrevoir la plus petite différence dans l'une ou l'autre de ces deux causes. L'énergie des fonctions animales est même ordinairement beaucoup augmentée dans le cerveau des fous, tandis que celle des fonctions vitales du cœur et du poumon, est souvent moindre et ne présente quelquefois aucun changement. On peut s'assurer de la vérité et de l'exactitude de cette remarque, par l'exploration de leur pouls et par leur manière de respirer. J'ai souvent observé que le fou le plus furieux, le plus irrité, celui qui étoit le plus en colère, n'avoit pas la plus petite altération dans la respiration ; le jeu des poumons s'y exécutoit avec la plus grande aisance, et on n'appercevoit pas la moindre oppression, même après les plus violentes agitations. Souvent aussi je leur tâtois le pouls, la montre à la main, et les battemens de l'artère n'alloient pas au delà de soixante-cinq ou soixante et dix pulsations dans une minute : certainement, dans l'homme de 30 à 40 ans, très-tranquille et bien portant, les pulsations excèdent, le plus souvent, ce nombre, dans la même durée de temps. J'ai vu au contraire plusieurs fous mélancoliques et des imbécilles, dont les fonctions du cerveau étoient enchaînées ou presque nulles, chez qui l'artère carotide battoit, dans une minute, de quatre-vingts à quatre-vingt-cinq pulsations; et j'en ai observé d'autres où elles sont allées jusqu'à quatre-vingt-quinze, terme d'une fièvre ardente et très-forte. Au reste, quoiqu'il soit très-difficile d'expliquer la situation physique du cerveau dans ces cas, les faits suffisent pour faire voir le désaccord qu'il y a entre ses fonctions et celles du cœur; que, par un semblable désaccord, nos facultés intellectuelles peuvent en être troublées, et qu'en effet elles le sont nécessairement.

La vigueur qu'acquiert le tempérament en avançant en âge; les passions sur-tout auxquelles on est alors en proie; l'état que l'on se propose d'embrasser ou auquel on s'est déjà destiné; toutes ces causes, en s'opposant à la liaison des idées, ou en les détruisant, nous entraînent souvent dans la folie. Les raisonnemens bizarres sont aussi fréquemment l'effet de quelque anomalie singulière dans les idées, qui dénote la folie. Cette cause, je l'avoue, quoique humiliante pour notre vanité, n'en est pas moins réelle et conforme à l'observation. Lorsque l'impression des objets est insensiblement parvenue à être la même que celle que notre imagination nous présente effectivement, alors le jugement est en défaut, et toutes nos chimères deviennent pour nous des réalités. C'est sans doute de cette cause que provenoit la folie de cet Athénien qui s'imaginoit que tous les vaisseaux entrant dans le Pirée, lui appartenoient. De là vient aussi que, dans les songes, les perceptions se retracent si vivement, qu'au réveil on a quelquefois de la peine à reconnoître son erreur.

La folie provient quelquefois aussi d'une impression fâcheuse qu'éprouve l'ame et qui se communique aux organes du corps, ainsi que du dérangement des organes du corps, qui réciproquement influe sur les opérations de l'ame; mais c'est ici un point qu'il est fort difficile de démêler, parce que la manière dont ces deux substances se touchent, si je puis me servir de cette expression, le lien qui les unit, le passage des sensations de l'une à l'autre, sont encore et seront peut-être, pour toujours, si cachés aux recherches des philosophes, qu'il seroit téméraire de hasarder aucune explication qui pût satisfaire. Tout se réduit donc à des hypothèses qui ne peuvent pas même donner lieu à des conjectures vraisemblables; mais, quelle qu'en soit la cause, les effets observés en sont les mêmes; quoique néanmoins il soit plus ordinaire de voir la folie se développer ensuite des affections de l'ame, que par suite de la lésion des organes corporels.

Je citerai ici quatre observations faites dans le cours de ma pratique, qui, en prouvant la réciprocité de l'influence des causes physiques sur l'ame, et des causes morales sur le corps, ont, les unes comme les autres, produit la folie.

OBSERVATIONS.

La première est celle d'une jeune fille qui, malade à l'hôtel-dieu, devint folle à la suite de la petite vérole, par la métastase de l'humeur variolique sur le cerveau. Cette maladie n'avoit point été du genre des confluentes, et à peine eut-elle une légère émotion fébrile au terme de la suppuration; mais la plus grande partie des boutons s'étoit jetée sur le visage; ils étoient beaux, assez gros et en pleine suppuration, lorsqu'ils s'affaissèrent tout-à-coup, sans cause apparente: dès ce moment la malade commença d'abord à rire sans aucun sujet; elle chantoit sans cesse ou tenoit les propos les plus extravagans, les plus gais, et qui auroient excité à la joie l'homme le plus misantrope et le moins disposé à rire. Des vessicatoires appliqués à la nuque détournèrent du cerveau l'humeur variolique qui s'y étoit portée, et ramenèrent peu à peu et pour toujours le calme et la raison chez cette jeune fille.

La seconde observation est celle d'une autre fille de 24 à 25 ans, qui tomba dans une folie absolument contraire, par le transport subit d'une humeur arthritique : maladie dont elle avoit éprouvé une attaque assez violente, sans fièvre. Cette malade ne faisoit que pleurer ; j'avois beau lui faire des questions, elle ne répondoit rien, ou ne répondoit que par des pleurs encore plus abondans; et si on la pressoit vivement, elle s'emportoit alors avec violence, et ses larmes ne tarissoient pas, même dans le plus fort de sa colère. Une application de vessicatoires, tout à la fois aux bras et aux jambes, fut encore le remède que j'employai ; ils diminuèrent d'abord sensiblement l'état de cette jeune infortunée, et quelques doux purgatifs, réitérés deux à trois fois, achevèrent complètement sa guérison, en lui rendant son bon sens.

Quel contraste dans ces deux espèces de folie ! L'une est gaie, l'autre est triste ; dans la première, la malade rit et parle sans cesse; dans la seconde, elle ne dit mot et verse des torrens de larmes: toutes deux, cependant, sont déterminées par le même mécanisme, quoique par des levains de différente nature, c'est-à-dire, par un transport d'humeur sur le même viscère; et toutes deux sont également emportées par le même remède. Mais d'où vient donc la différence dans l'effet? Seroit-ce que l'humeur variolique, de nature peut-être plus douce, puisqu'elle cause peu de douleurs, dispose aux affections gaies; et que l'humeur arthritique, de nature très-irritante, puisqu'elle fait souffrir de vives douleurs aux parties sur lesquelles elle s'arrête, dispose, au contraire, aux affections chagrines et colériques: ou bien, le transport de l'une s'est-il fait sur des parties du cerveau qui font naître la joie; et celui de l'autre, sur celles qui inspirent la tristesse et la taciturnité? Quant à moi, ne pouvant donner une meilleure raison de ce phénomène, je laisse à des physiologistes plus éclairés, le soin de trouver une explication plus vraisemblable de ce mystère de la médecine.

La troisième observation est celle d'une fille d'environ 30 ans, d'un tempérament mélancolique, fort peu parleuse, et très-portée à la méditation; elle devint folle à la suite d'une confession générale de ses fautes; son imagination étoit tellement frappée, qu'elle croyoit toujours voir le diable autour d'elle, ou la poursuivre sans cesse; et, d'après cette idée, elle cherchoit à se confesser à chaque instant. Si son idée étoit fausse, on voit que la conséquence qu'elle en tiroit lui paroissoit juste; étant, sans doute, persuadée que, pour se débarasser de l'esprit malin, le confesseur étoit le secours le plus efficace. Mais, ce qui est aussi singulier que contradictoire dans cette espèce de folie, c'est qu'ayant une si grande frayeur du diable, elle vouloit cependant toujours être seule, fuyoit toute société hormis celle d'un prêtre, et cherchoit continuellement les lieux les plus sombres et les plus écartés. Les secours physiques et moraux n'ont pas d'abord produit un grand changement chez elle; mais, au moyen de quelques bains froids, de quelques discours consolans et surtout de la gêne où elle fut mise de fréquenter la compagnie, ses craintes se dissipèrent peu à peu, elle s'apprivoisa avec la société, et sa raison fut parfaitement rétablie.

La quatrième observation est encore celle d'une fille âgée de 25 ans, bien constituée, qui n'avoit jamais éprouvé la moindre indisposition, et dont les mœurs, quoique de figure agréable, avoient toujours été irréprochables: elle étoit sur le point de se marier, les fiançailles même étoient déjà faites; mais, au moment presque d'aller à l'autel, son prétendu la trompa cruellement en se mariant avec une autre; aussitôt qu'elle apprit cette fâcheuse nouvelle, l'aliénation de son esprit s'ensuivit à tel point, qu'elle devint tout-à-coup furieuse, parloit continuellement, sans qu'aucun de ses propos eût ni suite, ni liaison quelconques; elle déchiroit ses vêtemens et brisoit tout ce qu'elle trouvoit sous ses mains. Une saignée assez copieuse, suivie de quelques bains froids et d'aspersions d'eau froide sur la tête, parurent un peu alléger son état; elle fut plus calme après ce secours; elle eut quelques intervalles assez longs de retour à la raison; mais, étant ensuite retombée dans une aliénation complète et continue, elle parcourut, pendant onze mois consécutifs, tous les différens degrés de cette maladie. Je l'ai suivie et observée avec exactitude durant tout ce temps; je la voyois souvent, et, pour tout remède, je n'ai employé que des soins, des égards, des paroles consolantes, affectueuses; et, quoique le plus souvent tous mes moyens fussent en pure perte, je ne me rebutai point: je lui faisois donner tout ce qu'elle me demandoit: elle m'a toujours bien reçu, malgré l'état de fureur dans lequel elle étoit souvent; je défendis expressément de la laisser voir à qui que ce fût, parce que j'avois remarqué que plus elle voyoit du monde, plus son imagination s'échauffoit et ses fureurs augmentoient. Elle devint extraordinairement maigre et ressembloit à un spectre; elle étoit presque toujours nue, enfoncée dans sa paille, qu'elle mettoit en poussière; elle me tenoit des propos si orduriers, qu'ils auroient fait rougir le plus débauché libertin. J'eus quelques soupçons que ses règles étoient supprimées depuis cinq à six mois, je ne pouvois m'en assurer, parce qu'il étoit difficile d'obtenir d'elle aucune bonne raison, et que d'ailleurs toutes mes questions sur ce point n'étoient point écoutées, et demeuroient sans réponse. L'état de son cerveau, la maigreur de tout son corps et la suppression des règles, me firent un moment désespérer de sa guérison; j'étois sur le point de l'abandonner; mais, avant de m'y déterminer, je m'avisai de lui faire donner une chemise, et ce ne fut pas sans peine qu'on parvint à la lui mettre; je voulois m'assurer par là si ses règles reparoîtroient: au bout de quelques jours, je crus appercevoir des indices de leur écoulement; ils ranimèrent mon espoir et mon courage; j'ordonnai alors de la sortir de son cachot et de la promener souvent dans les corridors, quoiqu'elle ne fût qu'en chemise, et que le froid de la saison fût très-rigoureux. Au bout de deux mois le retour de ses règles ne fut plus douteux, elle commença à reprendre de l'embonpoint; sa tête devint plus calme, ses idées moins fougueuses, elle m'écoutoit plus attentivement et me répondoit de temps en temps avec assez de justesse; la mal-propreté indicible dans laquelle elle avoit presque toujours été, diminua aussi peu à peu; elle prit des alimens avec plaisir et à des heures réglées. A cette époque, je lui proposai des habillemens que jusqu'alors elle avoit toujours mis en pièces; elle les accepta et parut même mettre de la recherche dans sa parure; je la faisois sortir et promener chaque jour dans les salles, et chaque jour on voyoit les progrès de la guérison s'avancer à grands pas; enfin, au bout des onze mois d'une folie la plus caractérisée, elle a recouvré toute sa raison; elle ne s'est aucunement rappelé ce qui lui étoit arrivé; mais elle avoit seulement un souvenir confus de mes visites dans son cachot et des complaisances que j'avois eues pour elle

elle. Entrée au service d'une dame, à la campagne, elle y jouit d'une bonne santé et remplit ses devoirs avec toute l'intelligence et le bon sens que demande son état.

On peut considérer cette dernière observation sous deux rapports différens : dans l'un, comme une folie aiguë, à raison de la continuelle violence des symptômes dont elle a été accompagnée pendant onze mois consécutifs ; et, dans l'autre, comme une folie chronique, à raison de sa longue durée.

On voit donc que, dans deux de ces quatre observations, le dérangement de l'organe du cerveau a visiblement influé sur les opérations de l'esprit ; et que, dans les deux autres, ce sont au contraire les affections de l'ame qui ont altéré les fonctions de ce même organe ; et il est malheureusement trop vrai que les folies provenant de cette dernière cause, sont les plus rebelles, les plus difficiles à guérir, et finissent ordinairement par devenir incurables. On doit en dire autant de celles qui reconnoissent une disposition héréditaire pour cause; l'organisation des solides, et sur-tout celle de la substance du cerveau, ont sans doute acquis chez ces individus, peut-être dans la conception même, une telle pente à ce mal, qu'il est presque assuré qu'à la première cause déterminante, la folie se développera, ainsi que dans les générations subséquentes, à moins qu'un croisement de races répété ne corrige le germe de cette désolante maladie.

La lecture des romans a souvent causé la folie chez les jeunes gens, surtout chez les personnes du sexe, dont le cerveau, comme on sait, est plus délicat, plus facile à être ébranlé, et conséquemment beaucoup plus susceptible des différentes impressions qu'il reçoit. Les livres qui traitent des matières abstraites, difficiles et qui exigent une contemplation profonde, telles que les mathématiques transcendantes, la métaphysique et autres semblables, ont souvent produit le même effet.

J'ai connu un jeune Religieux, doué de beaucoup de talens, d'un caractère vif et ardent, qui auroit certainement fait honneur à son ordre, et qui devint fou d'après la lecture des ouvrages de Jean-Jacques Rousseau: il cherchoit dans ses écrits, cette éloquence mâle et pressante, par laquelle cet écrivain célèbre persuade autant qu'il charme ses lecteurs, pensant pouvoir en faire usage dans les sermons qu'il se destinoit à prêcher.

On a aussi fréquemment observé que certains livres sur la Religion ont entraîné dans la démence, des personnes foibles qui, par l'impression que leur faisoit la lecture de ces sortes d'ouvrages, tomboient dans des extases, croyoient aux visions et imaginoient avoir réellement des entretiens avec les esprits célestes.

J'ai soigné une folie de cette nature, dont la cause étoit celle que je viens d'indiquer; mais les impressions étoient si profondes et avoient tellement agi sur l'organe intellectuel, qu'il me fut impossible de les détruire par aucun moyen: l'incurabilité de cette folie dura pendant quatre ans, au bout desquels le malheureux individu qui en avoit été atteint, périt dans l'hébétude.

Il seroit bien à désirer que des directeurs prudens et éclairés qui, dans leurs secrettes confidences, découvriroient ces imaginations foibles, voulussent leur servir de guide sur ces sortes de lectures, les leur interdire même absolument, usant, en pareille circonstance, de tout l'ascendant que leur donne la place qu'ils occupent dans cette partie de leur ministère.

Les impressions qui se font sur les

cerveaux froids se conservent pendant très-long-temps; et chez eux la folie reste cachée, pour ainsi dire, à un point que, ne la soupçonnant pas au premier abord, elle ne se fait souvent connoître qu'à ceux qui ont l'habitude de les observer. Les cerveaux au contraire qui ont beaucoup de feu et d'activité, tombent plus aisément et plus promptement dans la folie; les impressions s'y effacent, s'y renouvellent tour à tour, et les idées disparates s'y succèdent avec une rapidité étonnante: on s'apperçoit tout de suite que l'imagination d'un tel individu présente des travers; mais, comme ces travers changent si brusquement, et qu'ils prennent des nuances si variées, il est facile de les saisir et de reconnoître aussitôt la folie.

La vie contemplative, sur-tout chez les tempéramens mélancoliques, ou chez ceux qui ont le cerveau froid et humide, est une cause assez commune de la folie: aussi combien ne voyoit-on pas jadis des fous de toute espèce dans les couvens; et combien qui étoient très-près de le devenir? Les gouvernemens dans lesquels on n'a permis l'émission des vœux qu'à un certain âge, ont donc fait une loi très-sage et très-prudente; quoique l'expérience ait cependant prouvé que le terme préfix n'étoit peut-être pas encore porté jusqu'au point convenable: il paroît que, dans un objet de cette importance, on auroit dû consulter la nature des climats, celle des alimens, et sur-tout les physiologistes de chaque pays, pour déterminer l'âge de la maturité nationale. Car il est bien reconnu qu'il y a des nations chez qui la raison se développe plutôt que chez d'autres; l'histoire des Grecs et des Romains nous en fournit plusieurs exemples; et, sans aller chercher des preuves de cette assertion parmi les peuples anciens, on voit que la plupart des écrivains, sans partialité comme sans prévention, paroissent convenir que la raison est plus précoce chez la nation Anglaise que chez la Française, c'est-à-dire, qu'à égalité d'âge, un Anglais aura le jugement formé et rassis de meilleure heure que le Français: j'en demande pardon à mes compatriotes; puisque la nature les a d'ailleurs doués de tant d'autres belles prérogatives, qu'ils ne doivent être jaloux d'aucune; mais on seroit tenté de croire que leur aimable frivolité servant d'écorce au germe de leur raison, en empêche peut-être le prompt développement; et le poëte *De Boissy* s'est montré peut-être plus philosophe et plus connoisseur de sa nation qu'on ne pense, en peignant assez bien cette frivolité dans sa pièce du *Français à Londres*, lorsqu'il fait convenir au marquis, *qu'un Anglais est un homme de bon sens qui n'a pas de l'esprit; et qu'un Français est un homme d'esprit qui n'a pas le sens commun.*

« Quoiqu'il en soit, lorsque les
» causes de la folie, dit Cullen, pro-
» duisent dans quelques occasions un
» accroissement d'excitation et d'inhé-
» rence permanente, ou de leur fré-
» quente répétition ; alors la folie
» devient plus continue, elle se rend
» chronique et devient incurable ;
» c'est pourquoi il faut, autant qu'on
» peut, leur présenter, le moins
» possible, les objets capables de ra-
» mener cette excitation, en leur
» rappelant les idées qui touchent ou
» avoisinent leur folie ».

Ce que dit Cullen est si conforme à la vérité, qu'en visitant les fous, j'ai plusieurs fois observé que si, dans la conversation, on touchoit, même très-légèrement, les objets de leur folie actuelle, ou ceux qui l'avoient occasionnée, quoique les discours qu'on leur tenoit n'y avoient qu'un rapport très-éloigné ; tout-à-coup, de calmes qu'ils étoient, ils passoient à des cris et à des plaintes horribles ; la fureur renaissoit subitement avec toute sa violence, les propos les plus extravagans et les idées les moins suivies se succédoient si rapidement, qu'il est difficile d'imaginer comment l'esprit et sur-tout la volubilité de la langue pouvoient fournir à tout ce qu'ils disoient. Très-souvent encore j'ai vu que le bruit des verroux, en ouvrant la loge où ils sont renfermés, leur causoit des inquiétudes, rappeloit leurs idées et ramenoit leurs accès de folie, de manière qu'un fou qui étoit tranquille dans son réduit et qui ne disoit mot, entroit aussitôt en fureur à ce bruit, parloit sans cesse, brisoit tout, attaquoit les murs, et ne sortoit pas de cet état d'agitation, jusqu'à ce que le sommeil ou la lassitude eussent ramené le calme précédent.

Quoique la physionomie ne soit qu'un assemblage de traits auxquels nous avons attaché certaines idées, elle réveille souvent chez les fous leurs accès de folie; parce qu'avant de le devenir, telle ou telle physionomie les aura sans doute prévenus en bien ou en mal, par les différentes impressions qu'ils en auront éprouvé dans diverses circonstances. C'est d'après de semblables causes, que la prévention nous emporte souvent nous-mêmes jusqu'à l'enthousiasme ou jusqu'à la haine, pour certaines personnes, et qu'ainsi nous devenons injustes envers les uns et les autres. Je suis assuré qu'il n'y a pas d'individu qui, dans le cours de sa vie, s'il veut être de bonne foi, n'ait souvent fait l'épreuve de ce que je dis ici: de là vint, sans doute, le goût que Descartes conserva toujours pour les yeux louches, parce que la première personne qu'il avoit aimée, étoit atteinte de strabisme.

J'ai vu une jeune fille, d'une figure fort agréable, d'un tempérament sanguin, dont le caractère étoit de la plus grande douceur: la jalousie l'avoit rendue folle, et ses accès se renouveloient à un degré d'intensité extraordinaire, chaque fois qu'elle voyoit une jeune fille de service dont la tournure approchoit beaucoup de celle de sa rivale. J'ai suivi cette observation un très-grand nombre de fois; l'effet en a été constamment le même, et jamais il n'a eu lieu lorsque d'autres personnes du sexe se présentoient à elle.

Toutes les différentes passions dont les hommes peuvent être affectés, doivent être mises au nombre des causes de la folie; elles occasionnent de si violentes secousses, qu'elles nous enlèvent l'usage de la réflexion; l'imagination s'exalte alors plus ou moins, selon que ces passions sont plus ou moins vives; et ces passions, à leur tour, donnent naissance à des folies plus ou moins violentes. C'est pourquoi l'amour, la jalousie qui en est presque inséparable, la colère, l'envie, l'ambition, la vengeance, qui toutes sont des passions fougueuses, produisent communément des folies furieuses; tandis que la tendresse paternelle ou filiale, celle des époux; l'amitié, ce sentiment doux et paisible, la religion, l'étude, la contemplation et les autres affections douces, font au contraire des fous tranquilles, des imbécilles, ou causent des folies dans lesquelles le malade a souvent des intervalles assez longs de calme et de raison.

Il arrive encore qu'un homme sage et de très-bon sens en toute autre chose que sur un objet particulier, peut devenir presque aussi fou qu'aucun de ceux qu'on renferme aux petites maisons; lorsque, par de violentes et subites impressions sur le cerveau, ou par une réflexion long-temps continuée sur un point particulier, il en résulte des idées incompatibles qui, venant à se lier très-étroitement ensemble dans son esprit, demeurent tellement unies, qu'elles deviennent absolument inséparables.

J'ai connu un gentil-homme français militaire (et plusieurs de mes compatriotes peuvent l'avoir connu comme moi), sur qui l'idée d'avoir été empoisonné par ses parens, et la crainte continuelle de l'être, avoient fait une telle impression sur son esprit, qu'elles lui avoient donné une défiance presque générale de tous ceux qui le fréquentoient. Dès qu'il souffroit le plus petit mal, qu'il ressentoit la moindre douleur, ou un mal-aise auquel, sans cette idée, il n'auroit pas seulement fait attention, il s'imaginoit qu'on avoit introduit quelque dose de poison dans la boisson ou dans les alimens qu'il avoit pris pendant le jour, ou les jours précédens; alors il ne manquoit pas d'accuser les uns et les autres indifféremment, d'être de connivence avec sa parenté; il tenoit en conséquence des propos extravagans et absolument hors de la saine raison, pour persuader ceux avec qui il parloit, de la vérité de son idée. Ce n'étoit d'ailleurs que sur ce point où la raison de cet honnête militaire s'égaroit, et dont il étoit difficile de le faire revenir; dans toute autre circonstance et sur quel autre objet que ce fût, il conversoit avec la plus grande justesse. Car, outre plusieurs connoissances qu'il avoit en différens genres, il possédoit très-bien l'art de la guerre, qu'il avoit faite avec distinction en Amérique; et on peut dire, à sa louange, que sa conversation et sa société, *à part ce cloud de poison*, étoient des plus aimables et des plus satisfaisantes.

Cette observation est la preuve la plus complète de l'effet des violentes impressions subitement faites sur la substance du cerveau, et du long-temps qu'elles ont resté adhérentes à des idées particulières et incompatibles, qui néanmoins se joignant très-étroitement les unes aux autres dans l'esprit, y forment une union durable et permanente, qui se renouvelle chaque fois que ces idées se représentent. Cette union mal assortie d'idées étant plus ou moins forte dans les uns que dans les autres, produit différens degrés de folie, ainsi que d'imbécillité. Car, l'esprit une fois affecté par certaines idées, prend un penchant pour elles, dans lequel il tombe et retombe pour toujours; de la même manière que le corps ou quelques-unes de ses parties, prenant un penchant pour certains mouvemens, contractent l'habitude d'exécuter ces mouvemens suivant le penchant qui en a été pris, et qui se répète à chaque instant, sans y réfléchir. Les personnes sujettes à des tics, ceux qui se servent d'une main plutôt que d'une autre, ou qui portent plutôt le pied droit que le gauche en descendant ou montant une rampe d'escaliers, fournissent une preuve convaincante de ce fait.

Il ne faudroit pas cependant croire, d'après tout ce qu'on a exposé, que les fous, en général, aient absolument perdu la faculté de raisonner, ils lient seulement mal à propos certaines idées; ils les prennent pour des vérités, et se trompent, à peu près, de la même manière que ceux qui raisonnent juste sur de faux principes. On diroit qu'après avoir converti leurs idées chimériques et insensées en réalité, par la force de leur imagination, ils en tirent des conclusions fort raisonnables. Aussi voit-on des fous qui, s'imaginant être rois, exigent, par une juste conséquence, d'être servis, honorés et obéis suivant leur dignité. J'ai connu un fou de ce genre, qui, persuadé que son corps étoit de verre, prenoit

prenoit les plus grandes précautions et les mesures les plus sages pour empêcher qu'il ne se brisât.

J'ai aussi vu, aux petites maisons de Paris, une fille dont la folie consistoit à prétendre et à croire positivement qu'elle étoit homme et non de son sexe; on la voyoit en conséquence, dans sa loge, vêtue en homme; elle parloit très-juste et avec le meilleur bon sens, tant que l'on faisoit la conversation avec elle comme avec un homme: il falloit, pour ne pas s'appercevoir qu'elle étoit folle, la traiter, en tout point, de la même manière qu'on auroit traité un homme. Son acoutrement seul faisoit un contraste singulièrement ridicule avec son sexe, et sa conversation, ses habitudes et ses manières étoient en tout absolument semblables à celles des hommes. Mais, dès qu'on lui adressoit quelques propos relatifs à son vrai sexe, et que, par mégarde ou par malice, on l'appeloit *mademoiselle* au lieu de *monsieur*, aussitôt cette pauvre infortunée s'emportoit avec violence, vomissoit des injures atroces, et sa colère devenant fureur, il n'y avoit plus ni suite dans ses discours, ni aucune liaison dans ses idées; tout étoit généralement désorganisé; elle tomboit dans un désespoir affreux; et cet être, pour ainsi dire, hermaphrodite, qui, un instant avant, raisonnoit assez bien sur tous les sujets, jouissoit d'une tranquillité parfaite, se montroit doux et affable, et avoit dans ce moment toutes les qualités que l'on peut désirer dans la société; cet être, dis-je, étoit, par un seul mot, tout-à-coup métamorphosé en bête féroce à qui il ne restoit plus que la figure humaine qui en fît la différence.

Les personnes du sexe sont plus sujettes à la folie que les hommes. Si on parcourt les hôpitaux destinés aux fous; si on cherche dans les autres lieux où on les tient renfermés; on trouvera constamment un plus grand nombre de folles que de fous. Les nerfs, chez les femmes, sont plus délicats, plus sensibles et plus aisés à émouvoir: elles ont les passions plus vives; leur constitution, plus frêle et moins robuste, ne peut résister aux chocs violens; elles ont en général beaucoup moins de courage, de force d'ame et, je n'ose dire, moins de raison. Elles sont d'ailleurs exposées à un plus grand nombre de causes qui déterminent les maladies, que les hommes; le développement périodique des règles; la diminution de cette évacuation, lorsqu'elle est établie; sa suppression accidentelle et sa cessation absolue au terme désigné par la nature, sont tout autant d'occasions prochaines qui peuvent les conduire à la folie, sur-tout s'il s'y joint le concours de quelqu'autre cause. Si, à tous ces accidens, on ajoute encore ceux qui peuvent provenir de la grossesse, des maladies qui l'accompagnent (quoique néanmoins très-rarement, puisqu'il paroît que la folie respecte cet état), de celles qui naissent souvent des suites fâcheuses de l'accouchement, telles que la rétention de l'arrière-faix, la suppression des lochies, ou le refoulement de l'humeur laiteuse (accident très-commun), il ne sera pas difficile de calculer combien est plus grand le nombre des causes dangéreuses pour la vie en général, auxquelles ce sexe délicat est en butte, et comment il peut, par conséquent, plus aisément être entraîné dans la maladie fâcheuse dont il s'agit.

De toutes les causes propres à donner naissance à la folie, la rétrocession du lait dans la masse des humeurs, est celle qui, selon moi, a le plus d'énergie et qui est en même temps la plus commune.

OBSERVATION.

J'ai vu une jeune femme, nourrice de son enfant, devenir folle presque tout-à-coup, parce que, sans trop savoir pourquoi, on le lui ôta pour le donner à une nourrice étrangère: sa folie n'est pas même, à mon avis, susceptible de guérison; soit parce qu'étant déjà invétérée, le sang se trouve très-profondement impregné de l'humeur laiteuse; soit sur-tout parce que sa folie est du genre de celles qui sont froides, sombres, taciturnes et, d'après l'observation, plus rebelles; soit enfin, parce que le lait, dont je crois le sang surchargé, est, de tous nos liquides, celui qui s'assimile le plus difficilement aux humeurs naturelles, et qui résiste le plus à l'action des remèdes. Plusieurs bains domestiques, d'une chaleur douce et tempérée, pour déterminer cette humeur laiteuse à la surface de la peau; de larges vessicatoires placés sur différentes parties, pour la détourner du cerveau, ont été absolument sans succès. Cette malade demeure constamment couchée sur la paille; elle ne se meut que pour manger et boire ce qu'on lui présente, rend tous ses excrémens sous elle, et, malgré les plus grands soins, est toujours dans la plus dégoûtante mal-propreté; elle ne parle jamais que lorsqu'on l'interroge, et encore ne répond-elle alors que par des monosyllabes que l'on entend à peine, et qui par fois sont accompagnés de mouvemens brusques et colériques, sans cependant avoir jamais nui à aucun de ceux qui l'approchent. Ni les soins, ni les complaisances, ni les propos les plus affectueux, ni la promenade, ni les distractions, n'ont jamais produit aucun effet sensible sur cette malade. Quel déplorable état, qu'il est effrayant! et quelle profonde impression ne devroit pas faire un tableau aussi triste et aussi affligeant, sur les mères qui, s'écartant si essentiellement du vœu de la nature, négligent de nourrir elles-mêmes leurs enfans, sur-tout si elles réfléchissent qu'elles peuvent aisément en devenir les victimes au moment le moins attendu !

Les tempéramens mélancoliques, ceux qui sont sujets aux maux de nerfs portés sur-tout à un certain point d'intensité, sont plus disposés à la folie que les autres ; on peut même regarder ces deux états comme les premiers degrés de cette maladie. Les causes qui occasionnent des insomnies long-temps prolongées, si elles ne sont pas des symptômes avant-coureurs de quelques maladies aiguës, produisent souvent la folie ; et les grandes passions sur-tout, dont le propre est de nous priver du sommeil, donnent souvent lieu à cette maladie, en troublant l'ordre de la nature et l'empire de la raison.

D'après la peinture que je viens de faire de cette maladie et des causes qui y donnent lieu, il sera facile de reconnoître la folie, ses différentes espèces, ses nuances, et, par conséquent, difficile de confondre un fou avec celui qui ne l'est pas. Il seroit encore inutile de faire remarquer la différence qu'il y a d'un fou mélancolique avec un épileptique; on peut difficilement s'y méprendre : le premier a presque toujours la tête exaltée et les facultés de l'ame en rapport avec cette exaltation; l'autre est au contraire dans une stupidité silencieuse qui inspire la pitié; toutes ses facultés intellectuelles se trouvent singulièrement engourdies, sur-tout au sortir de l'attaque épileptique. Peut-être y a-t-il une espèce d'affinité entre la cause de la folie et celle de l'épilepsie, puisque souvent celle-ci succède à celle-là. Ne seroit-ce point cette affinité qui fait qu'il n'y a pas de ressource pour la guérison de la folie lorsqu'elle a ainsi dégénéré.

Quant au fou furieux, on le reconnoîtra facilement à ses discours, à ses actions et à son maintien: les médecins sont, principalement en justice, les juges-nés de cette espèce de folie, comme de toutes les autres, parce qu'elles peuvent se simuler.

Les fous ont en général presque toujours la tête découverte, et cependant, d'après cette habitude, ils contractent rarement des rhumes ou des douleurs dans cette partie; ce qui paroîtroit assez s'accorder avec cette sécheresse que l'on a reconnue exister dans la substance de leur cerveau. Ils supportent volontiers le plus grand froid et les rayons les plus ardens du soleil, sur la tête, sans paroître incommodés de l'une ni de l'autre de ces deux causes. On observe encore qu'ils sont peu sujets aux autres maladies et moins encore aux épidémiques. Plusieurs cependant se plaignent d'une douleur presque habituelle à la tête, qui sembleroit indiquer le siége de la maladie : ils dorment peu, et résistent facilement à ce défaut de repos et de réparation pour l'esprit et le corps, que procure le sommeil à toute la nature animée; l'insomnie est même si opiniâtre chez eux, qu'on en a vu qui ont passé huit à dix mois entiers sans dormir ; leur sommeil est d'ailleurs court, léger et presque toujours troublé par les différentes idées qui ont altéré leur raison. On pourroit induire de là que ceux qui, en santé, sont affectés de symptômes pareils quand ils dorment, ont plus de disposition à la folie que d'autres.

Les fous attentent peu à leur vie, et rarement commettent-ils des suicides. Ils ont tous une force surprenante, même ceux qui paroissent avoir une constitution foible et délicate; on diroit que leur corps, en acquérant de nouvelles forces, se dédommage, en quelque sorte, de la foiblesse de leur esprit; en général ils mangent cependant très-peu et soutiennent la privation de toute espèce de nourriture pendant fort long-temps; ensorte que l'on voit les moins robustes, ceux dont le tempérament paroît le plus frêle, endurer la faim, la soif et toutes les intempéries de l'air, avec un courage et une constance étonnans, sans qu'il en résulte rien de plus aggravant dans leur état.

Presque tous les fous aiment le tabac avec passion, même ceux qui n'en usoient pas avant d'être atteints de cette maladie. Ils sont encore, dit-on, très-enclins aux plaisirs de l'amour; on prétend même que ce sont de vigoureux athlètes dans cette sorte de combat. On sent qu'il est difficile d'observer de semblables faits sur un point de cette nature. Leur cerveau étant, à la vérité, dans une disposition constante à réparer promptement les déperditions que causent l'amour et ses actes, doit fournir une secrétion d'autant plus abondante de suc nerveux, qu'elle est plus fougueuse; et les forces musculaires doivent aussi nécessairement augmenter chez eux, par la même raison que la force de copulation acquiert plus d'énergie; cependant j'ai cru appercevoir que les fous paroissoient être assez indifférens sur le besoin du coït; et, depuis que je les étudie, je n'ai qu'une seule observation dans laquelle un fou manifesta de pareils désirs, par des propos seulement; mais, hormis ce cas, il ne m'a pas été possible de découvrir qu'aucun d'eux ait demandé ou cherché à satisfaire ce besoin, ou qu'il l'ait satisfait par quelqu'autre moyen. Devroit-on présumer que cette puissance n'est peut-être affoiblie chez eux, que parce que la maladie du cerveau quoiqu'exalté, influeroit sur les organes de la génération, en diminuant l'aptitude à leurs fonctions? Nous n'avons pas un nombre suffisant de faits sur ce point, pour déterminer quelque chose de positif; il faut encore nous en tenir aux conjectures, jusqu'à ce que quelque observateur exact, éclairé et en même temps heureux, ait pu suivre la folie, sur ce besoin également sollicité par la nature, comme tous les autres.

Telle est, à peu près la marche de la folie; tels sont les caractères distinctifs de ceux qui en sont attaqués. C'est à cette série historique de symptômes qu'on la reconnoîtra facilement, et qu'on la confondra difficilement avec les autres maladies dont l'affection a son siége dans le cerveau.

Si on entreprend de faire le pronostic de cette cruelle maladie, quels regrets cuisans ne se présentent pas à l'ame sensible de l'homme de l'art? et, le cœur rempli d'amertume, ne se voit-il pas forcé de prononcer combien elle est fâcheuse pour l'espèce humaine en général; combien elle est désolante en particulier pour les familles où il y a des individus qui en sont frappés, et sur-tout combien elle est peu susceptible de guérison ? Non, ce n'est pas un de ces maux qui, parcourant rapidement ses temps, détruit promptement les organes de la vie ; c'est au contraire un de ceux où le médecin juge presque avec une espèce de certitude, de l'inutilité de son art : cette maladie est moins encore du nombre de celles qui, quoique marchant à pas lents, n'en sont pas moins traîtresses et insidieuses ; qui conduisent également au tombeau, en attaquant la vie dans ses fondemens les plus intimes, et dans lesquelles le médecin éclairé et qui a de l'expérience, ne se laisse pas surprendre par un certain état de bonace que le commun des praticiens juge, le plus souvent, être une guérison qui tend bientôt à sa fin. Ici une foule innombrable d'obstacles s'oppose sans cesse au traitement le plus judicieux et le mieux ordonné contre cette maladie. Tantôt c'est un fou furieux que l'on ne peut contenir sans employer la violence, et qu'il faut enchaîner, si on ne veut pas qu'il attente à la sûreté de ceux qui sont destinés à le servir ; il est impossible de mettre en usage ni bains, ni évacuations sanguines, ni consolation, ni douceur, ni la voix de la persuasion; et alors quelle triste circonstance que celle d'être obligé de sévir contre un individu qui veut faire le mal sans savoir s'il le fait, et chez qui les secours qu'on s'empresse de lui porter, presque toujours dédaignés, ne peuvent souvent être administrés, malgré toute la prudence imaginable, et toujours accompagnée de la plus grande humanité. Tantôt c'est un fou tranquille, mais dont le calme apparent ne met pas moins d'entraves à tout ce que la médecine peut suggérer de plus efficace. S'agit-il de le saigner, il s'y refuse; il faut employer la force ou la ruse si on veut en venir à bout? Doit-on lui donner quelques remèdes internes, la même difficulté se présente? et si vous lui faites quelques questions pour l'y déterminer, il ne répond rien; à peine quelquefois donne-t-il même des signes qu'il est vivant: ici on est encore forcé de recourir à la contrainte et de lui mettre, pour ainsi dire, un baillon, si on veut les lui faire avaler. Pour lors, il est difficile de résister à la pitié qu'inspire un tel spectacle, et le médecin sage et prudent qui voit l'inutilité de ses secours, de quelque manière qu'il s'y prenne, préfère souvent abandonner la guérison de cette maladie aux soins de la nature, plutôt que de prodiguer inutilement les siens en tourmentant vainement le malade, et risquer peut-être encore d'augmenter son incurabilité, par l'irritation qui s'excite dans son ame et

par

par le degré excessif auquel se monte son imagination.

On guérit en général très-peu de fous; c'est une des parties de la médecine, dans laquelle la science et les artistes ne brillent pas: je dirois même qu'elle est l'opprobre de l'une et fait la désolation des autres. Les hôpitaux sont remplis de ces sortes de malades, auxquels on se hâte de prodiguer d'abord beaucoup de remèdes, et peut-être trop; lorsqu'on les a fatigués, harcelés, pour ainsi dire, le plus souvent sans succès, on les abandonne, et ils sont alors presque oubliés pour toujours. On se borne à leur fournir de la paille, qu'on ne change même que lorsqu'elle est réduite en poussière, et on ne la leur donne qu'avec une parcimonie révoltante: leur nourriture, assez suffisante seulement pour ne pas mourir de faim, est ordinairement très-commune, très-peu appropriée, pour ne pas dire, tout-à-fait contraire à leur état. En un mot, c'est un régime détestable et inhumain, que celui des hôpitaux des fous. Pourquoi faut-il donc qu'on laisse aussi long-temps subsister une plaie si profonde dans la société? S'il y a un pays où cette maladie soit traitée avec quelque satisfaction, c'est en Angleterre: aucune nation, jusqu'à présent, n'a prodigué autant de soins et n'a obtenu plus de succès dans la guérison des fous, que l'Anglaise. Les hôpitaux des insensés, dans les autres pays, sont, pour ainsi dire, des tombeaux dont ils ne sortent plus. Cependant, dans celui d'Yorck, en 1789, sur 599 lunatiques, on en a guéri 286; 151 ont été soulagés; 47 ont été regardés comme incurables; il en est mort 40, et il restoit 37 hommes et 38 femmes. Je ne sais pas positivement ce que les Anglais entendent par *lunatiques*, et si, sous ce nom, ils comprennent toutes les espèces de fous. Cependant cette expression paroîtroit déjà indiquer qu'à diverses phases de la lune, ces malades se ressentent de son influence; mais, quoi qu'il en soit, c'est déjà un succès assez heureux et bien digne d'admiration, que d'avoir remis en circulation dans la société raisonnable, près de la moitié des individus qui étoient privés de ce qui en fait la base et l'union.

D'après ce pronostic, à la vérité, peu consolant, il seroit affreux de penser qu'on dût abandonner ces malheureux à leur triste sort; ils méritent sans doute, à tous égards, la commisération la plus étendue, les soins les plus exacts et les plus vigilans de la médecine; j'oserois même dire qu'ils en sont peut-être plus dignes que les autres espèces de malades. Renfermés dans des asiles où ils sont la plupart du temps ignorés, il n'y a que la vraie pitié qui les visite; et combien est petit le nombre de ceux qui en sont doués!

Les fous furieux sont encore susceptibles de guérison, lorsque leur folie n'est pas durable, et qu'ils ont des intervalles de raison assez longs ou assez rapprochés. Si la jeunesse et la bonté de leur tempérament accompagnent leur folie, et sur-tout si elle n'est pas ancienne, on peut encore espérer un retour au bon sens. Alors la maladie n'aura pas encore jeté de profondes racines, ni le cerveau acquis ce penchant à l'excitation et à la reproduction continuelle des idées extravagantes, ou des objets qui les font naître. Les fous se font une espèce de tempérament factice, immuable et de longue durée; un tempérament pareil a souvent aussi lieu dans toutes les longues affections. On peut même regarder le penchant à ces mouvemens, comme un des grands obstacles à la guérison de cette maladie. Le caractère triste, le peu d'activité et d'énergie dans les facultés intellectuelles, ou une disposition à la stupidité, sont encore autant de causes qui rendent la folie plus rebelle, plus opiniâtre et d'une guérison plus difficile. Souvent on voit cette maladie totalement cesser, lorsque la fièvre survient, et particulièrement si c'est la fièvre quarte.

J'ai deux observations dans l'une desquelles le malade, ayant été atteint d'une fièvre putride après plusieurs mois de folie assez durable, a recouvré parfaitement sa raison; dans l'autre, la malade avoit été folle pendant près de deux ans, d'abord furieuse et méchante; puis elle étoit tombée dans une espèce d'imbécillité, et avoit parcouru successivement tous les degrés les plus caractérisés de cette maladie. Après avoir été soumise à un traitement assez long, sans succès, et finalement abandonnée, parce qu'on la jugea incurable, elle fut tout-à-coup attaquée d'une fièvre quarte, accompagnée d'enflures œdemateuses dans les extrémités inférieures; elle éprouva un très-grand nombre d'accès de cette fièvre, à laquelle on ne porta aucun secours, parce qu'on jugea encore, avec quelque espèce de raison, qu'elle alloit succomber à cette dernière maladie; mais la nature, dont les ressources sont aussi infinies qu'elles sont cachées et souvent inconnues aux gens de l'art, délivra peu à peu cette malheureuse, d'abord de la fièvre, qui sembloit devoir terminer ses jours, et ramena ensuite insensiblement sa raison, dont elle paroissoit devoir être privée pour toujours.

Outre la fièvre, considérée comme très-propre à juger la folie; la diarrhée et les hémorragies spontanées quelconques, sont encore des moyens que la nature emploie assez fréquemment pour la guérir; il convient donc que l'art se rapproche de ces moyens et tâche de l'imiter autant qu'il pourra, si on veut réussir : *natura est morborum medicatrix, medicus verò naturæ minister.* Hippocrate, ce prince de la médecine, aussi modeste que savant observateur, et qui passera à jamais pour un des plus vastes génies, ne nous a pas transmis cet aphorisme, sans l'avoir souvent médité, et sans que son expérience lui en ait bien prouvé la certitude authentique; son amour propre n'a pas craint de faire honneur à la nature, de toutes les guérisons miraculeuses qu'il opéroit, tandis qu'un fourbe auroit eu l'impudence de les attribuer à ses remèdes et à son savoir.

L'anatomie, qui a fait de si grands progrès dans ce siècle, et qui en fait encore chaque jour, n'a pas cependant procuré des notions bien satisfaisantes sur la cause de cette maladie et sur les lésions que peuvent avoir occasionnées sur le cerveau les différentes espèces de folies. L'ouverture et l'inspection des cadavres de ceux qui sont morts fous, n'ont encore répandu qu'une foible lueur sur cette maladie; elles n'ont fourni que peu de ressources pour son traitement et sa guérison.

On a trouvé la substance médullaire du cerveau desséchée, dure et, pour ainsi dire, friable. D'après les observations de *Meckel* de l'académie royale des sciences de Berlin, le cerveau des fous est d'une pesanteur spécifique moins considérable que dans l'état naturel. Cette différence pourroit peut-être suffire pour expliquer quelques-uns des phénomènes que produit la folie. D'ailleurs, l'imagination des fous est si vive, qu'elle leur tient quelquefois lieu de sentiment; et l'état de sécheresse de la substance médullaire et des nerfs peut les rendre si irritables, que le moindre ébranlement qui s'ensuit, excite dans leur esprit une impression extraordinaire. C'est une des raisons pour laquelle je défends expressément de laisser voir les fous de l'hôpital à personne, et moins encore aux étrangers.

On a quelquefois trouvé les vaisseaux de leur cerveau racornis, et d'un diamètre beaucoup plus petit qu'il ne l'est dans l'état naturel; d'autres fois on a observé qu'ils étoient variqueux et absolument relâchés. On a rencontré dans ce viscère des amas de matières séreuses de différente couleur; le plexus choroïde dur et même squirreux; ses sinus et ses ventricules remplis d'un sang noirâtre; souvent des hydatides occupant ses cavités; la dure-mère tuberculeuse et quelquefois en pourriture; la pie-mère calleuse, d'un épaisseur double et quelquefois triple de ce qu'elle doit être, et dans laquelle on ne voyoit pas même des vestiges de vaisseaux; la faux, la tente du cervelet ossifiées; quelquefois des vers ont été trouvés dans les sinus frontaux et dans la substance du cerveau; d'autres fois les os du crâne devenus extraordinairement épais; mais, ce qui est encore plus surprenant, c'est que souvent on n'a pu reconnoître dans ce viscère aucun vice apparent; Tel est, à peu près, tout ce qu'on a découvert dans la dissection de l'organe qui est le siége de la folie. Plusieurs de ces lésions, selon toute apparence, ne s'étant même formées que vers les derniers temps de la vie, présentoient plutôt les effets de la vraie cause de la maladie, que la cause elle-même, et devenoient, par là, bien plus propres à induire en erreur, qu'à donner une idée claire et précise du désordre organique du cerveau. L'*os coronal*, qu'on a aussi appelé *os de raison*, mériteroit peut-être que les anatomistes fissent des observations particulières sur lui, sur la manière dont il est ossifié, sur sa plus ou moins grande courbure, sur ses sutures et sur sa liaison avec les autres os du crâne, afin de reconnoître s'il influeroit ou non sur la folie. Qu'il seroit à souhaiter que l'anatomie pût découvrir dans le cerveau les différentes altérations qu'y causent les divers genres de folie! quelles sont les parties altérées dans le fou furieux, dans le fou tranquille, dans l'extravagant, dans l'insensé, dans l'imbécille, comme dans celui que j'ai simplement appelé *en démence*.

Il y a bien quelques auteurs qui se sont occupés de recherches sur les différentes formes que présentent les crânes des différens peuples. *Daubenton*, dont l'histoire naturelle regrettera long-temps la perte, a fait quelques observations sur le crâne en général; mais elles n'ont pour objet que de considérer les différences de la situation du grand trou occipital dans l'homme et dans les animaux (1).

(1) Voyez son mémoire in 12. tome 3.e, de l'académie des sciences de Paris, 1764.

Camper, médecin, a examiné beaucoup de crânes ; mais il a dirigé ses vues du côté de la peinture, en cherchant à découvrir les différences réelles que présentent les traits du visage chez les hommes de différens pays et de différens âges (1).

Lavater, suisse, a rassemblé plusieurs observations sur la conformation de la tête en général, en comparant celle de l'homme avec celle de plusieurs animaux ; mais, dans cette comparaison, il cherchoit à développer les différens traits des physionomies, pour en déduire les qualités de nos affections morales et intellectuelles (2).

Blumenbach, célèbre professeur d'anatomie à Gottingue, a examiné plusieurs têtes ; mais il n'a eu non plus d'autre but que celui de comparer les

---

(1) Voyez son ouvrage in 4.°

(2) Voyez son traité sur la physiogonomie, in 4.°

têtes et sur-tout les crânes des différens peuples, relativement à leur forme et à leur figure (1).

Enfin *Sommering*, aussi grand médecin qu'illustre anatomiste, a porté la patience et le goût de la science au point de s'être formé une collection nombreuse de crânes des différens peuples européens, pour découvrir les différences qu'ils peuvent offrir dans leurs dimensions (2).

Il faut donc user de beaucoup de précautions et de prudence dans l'inspection des cadavres; car rien ne paroît plus difficile que d'y découvrir ce qu'on y cherche, sur-tout lorsqu'on n'est pas en garde contre les opinions communes; et c'est ici que le médecin choisi pour expert, doit se dépouiller de toute espèce de prévention, lorsqu'il est obligé de prononcer dans un rapport judiciel; il ne doit avoir alors

---

(1) Voyez ses décades, in 4.°

(2) Voyez son ouvrage in 8.°: *de corporis humani fabricâ*; qui n'est pas encore achevé.

que des yeux anatomistes, pour décrire tout simplement ce qu'il a vu et ce qui est. Il paroît aisé de faire un rapport sur le vivant, mais la chose est d'une conséquence majeure, lorsqu'il faut porter un jugement solide d'après l'inspection d'un cadavre: dans le premier cas, l'usage a consacré certaines règles que l'on suit; mais, dans le second, ces règles sont encore à tracer. Qu'il seroit à souhaiter que des anatomistes éclairés et tout à la fois philosophes, voulussent s'occuper d'une matière aussi importante et qui, par son obscurité, ou plutôt par celle qu'y ajoutent les gens de l'art, jette souvent les juges dans une perplexité désolante, leur ôte les moyens d'asseoir une décision juste et équitable, et laisse sans doute toujours dans leur ame un remords importun, quoique aussi injuste, à la vérité, qu'il est involontaire! D'ailleurs, pourquoi les médecins, autant pour leur honneur que pour l'avancement de leur art, ne font-ils pas plus souvent ouvrir les cadavres, sur-tout lorsque la mort a été précédée de quelques maladies longues, et particulièrement de celles qui sont tortueuses dans leur marche, dont la cause ne s'est pas montrée bien clairement, ou dont le siége a paru douteux? Tous les jours on les entend prononcer que tel malade est mort d'un abscès dans le cerveau, d'un squirre dans le foie ou dans l'estomac, de concrétions pierreuses au poumon, d'un polype au cœur ou dans les gros vaisseaux sanguins, et de plusieurs autres maladies semblables, réputées absolument incurables; ils mettent à couvert, par ce moyen, leur incertitude ignorante et le traitement ridicule qu'ils ont employé dans le cours de la maladie, et croyent prouver, par là, que, quoiqu'on eût fait, le malade ne pouvoit guérir (cela m'est arrivé plus d'une fois, et j'en rougis,

mais j'ai la franchise de l'avouer).
Que si, au contraire, le cadavre eût été ouvert, on auroit rencontré une toute autre lésion que celle qu'avoit annoncée le docteur; sa bévue, mise alors au grand jour, auroit couvert de honte son orgueil déplacé, en lui faisant connoître quelle étoit la véritable cause de la mort, et l'auroit sur-tout guéri, lui et ses semblables, de la ridicule manie d'endormir ainsi le public, en pronostiquant aussi hardiment. Mais, en revanche, de quelle satisfaction intérieure ne jouiroit pas le médecin prudent et éclairé qui, par ce moyen utile, seroit assuré de ne s'être pas trompé dans sa manière de juger; d'avoir très-bien connu le siége et la nature de la maladie, et que, si cependant la mort s'en est suivie, c'est que la cause qui l'a produite, étant au-dessus des ressources de l'art, les bornes de l'esprit humain ne sont pas encore assez reculées pour atteindre

atteindre le but désiré, c'est-à-dire, la guérison de certaines maladies que l'expérience et le temps ont jusqu'ici regardées comme très-difficiles, pour ne pas dire impossibles à guérir.

Si la science des médecins n'est pas encore parvenue à trouver des remèdes contre l'imbécillité naturelle, elle n'a pas, jusqu'ici, été plus heureuse pour découvrir les moyens de guérir l'imbécillité accidentelle, celle sur-tout qui succède à la folie: elle est pour lors de l'augure le plus fâcheux, et on peut presque avancer à coup sûr, qu'un fou, de quelle espèce qu'il soit, qui tombe insensiblement dans l'imbécillité et dans cette espèce d'apathie où ils meurent presque tous, ne recouvrera jamais son bon sens; c'est, à peu près le pierre de touche de l'incurabilité. Le cerveau n'a plus, dans cet état, aucun ressort; il est dans un affaissement incapable de réaction, qui s'annonce assez par l'inspection de leur physique et l'observation de leur naturel; leur existence n'est plus qu'une vie végétative, dans laquelle même les organes vitaux ne remplissent leurs fonctions, pour ainsi dire, que par habitude. On peut aussi regarder comme absolument incurables les fous qui rendent leurs excrémens sous eux, exactement comme les animaux, quoiqu'ils ne seroient pas parvenus à l'état d'imbécillité dont on vient de parler: ce symptôme est encore d'un pronostic plus désolant et plus décisif, lorsqu'en les rendant de cette manière, ils finissent par les manger, souvent même avec autant d'avidité que le meilleur aliment; c'est alors le comble de la dégradation de l'esprit; ils sont entièrement perdus pour la société; il ne reste plus à l'humanité qu'à déplorer leur malheureux état, et on ne peut presque plus les soigner alors, que comme on soigneroit, à peu près, l'animal le plus dégoûtant et tout à la fois le plus stupide.

Les fous méchans, forts et en même temps insidieux, se guérissent difficilement : il est cependant encore possible d'en sauver quelques-uns, si plusieurs obstacles très-difficiles à surmonter, ne s'y opposoient. Le danger de les approcher, la nécessité d'user de violence (que l'on doit cependant employer le moins qu'il est possible), sont ceux qui embarrassent aussi très-souvent le praticien le plus humain et le plus expérimenté. Si on ajoute encore à ces entraves, la difficulté de leur faire prendre des remèdes internes, on voit qu'il reste très-peu de ressources à l'art: on pourroit, il est vrai, dans ce cas, user d'un baillon pour y réussir; mais, outre que, dans une si triste alternative, cette méthode repousse infiniment la sensibilité, elle deviendroit d'ailleurs aussi inutile, par le peu d'effet que produiroient des remèdes ainsi avalés, que par la forte répugnance qu'ils causeroient à celui chez qui on seroit obligé de l'employer. On se trouve donc réduit à des secours externes, et quoique la difficulté ne soit pas moindre, les succès n'en deviennent pas plus assurés.

Les folies gaies, celles qui reconnoissent pour cause les affections douces de l'ame, telles que l'amour, les différens obstacles à la possession de l'objet aimé, la joie causée par une nouvelle heureuse ou inattendue, un plaisir quelconque trop vif et trop subit; ces folies, dis-je, peuvent encore se guérir aisément, sur-tout quand elles ne sont pas invétérées. Il semble que, dans ces sortes de cas, l'esprit n'a pas contracté cette rudesse et cette âpreté de caractère que donnent les passions fortes, violentes, ou qui auroient pour germe la haine, la ngeance, ou toute autre de même nature; les organes paroissent, dans les affections douces, être beaucoup mieux disposés à recevoir l'action des moyens curatifs, la tension étant en général bien moindre dans toute l'économie animale; mais aussi les fous de cette espèce sont plus sujets aux rechutes ou à devenir hébêtés, sur-tout si on pousse le traitement trop loin; et si malheureusement ils tombent dans cet état de stupeur et d'hébétude, alors, comme on l'a dit ci-devant, ils en réchappent difficilement.

Les fous mélancoliques, taciturnes, sournois, qui paroissent être, pour ainsi dire, dans une méditation continuelle; qui vous contemplent avec des yeux fixes; qui ne répondent point, ou très-rarement, aux questions qu'on leur fait, même en les pressant vivement; ceux-là, dis-je, sont de très-difficile guérison. On réussit rarement à les sortir de cette indifférence opiniâtre dont on diroit qu'ils font leur jouissance, et dans laquelle ils paroissent se complaire. Rarement parvient-on à distraire leur imagination, des idées noires dont elle est occupée, et à la ramener à son état naturel; cette imagination paroît chez eux fortement affectée de quelques idées importantes dont elle ne peut se désaisir; je serois porté à le penser, d'après les fréquentes observations que j'en ai faites, la longueur du temps que je mettois et à les faire et à contempler leur maintien. La sécheresse générale de leurs fibres, la lenteur avec laquelle les humeurs circulent dans ces sortes de constitutions, et sur-tout cette inaction habituelle de leur ame, sont autant de causes qui favorisent leur stagnation dans le cerveau, et tout autant d'entraves à l'efficacité des remèdes. Les fous maniaques et en même temps d'un tempérament mélancolique, sont plus difficiles à guérir que les fous furieux d'un tempérament sanguin : chez les premiers, leurs idées de haine, de ressentiment, de fausses images, sont plus fixes et plus inhérentes; aussi les bains froids et la saignée leur conviennent bien moins qu'aux sanguins, à qui il faut appliquer un traitement, pour ainsi dire, anti-phlogistique.

En général les folies invétérées sont plus difficiles à guérir que les récentes; celles qui, dès leur première apparition, ont été abandonnées, négligées, auxquelles on n'a fait aucun remède, ou que l'on a soignées par un traitement contraire à celui qui leur convenoit, le sont infiniment plus que celles à qui on a d'abord porté quelques secours, qui n'ont pas été épuisées par des remèdes trop actifs, trop répétés, ou chez lesquelles on a employé une méthode sagement dirigée et qui ne tenoit aucunement à ces routines que l'on applique indistinctement à toutes les folies.

Il est sans doute malheureux pour l'art de guérir, et peu satisfaisant pour celui qui l'exerce, de présenter un tableau aussi peu consolant, dans le pronostic de cette maladie, soit en général, soit en particulier; parce que d'ailleurs la folie humilie l'orgueil de notre raison. Si donc ce n'est pas la partie de la médecine qui procure à l'artiste le plus de gloire, qui étende le plus sa réputation; c'est au moins celle qui sera la plus satisfaisante pour le médecin sensible et assez prudent pour ne pas rendre pire l'état de ces infortunés; il aura toujours assez acquis de gloire, lorsque, se rendant compte de sa conduite, il n'aura aucun reproche à se faire, et qu'il aura rempli son devoir d'homme, et d'homme destiné à soulager les maux de ses semblables.

D'après ces intentions, voyons si, en joignant les observations que j'ai faites dans l'hôpital des fous, avec l'attention la plus exacte, il seroit possible d'atteindre ce but, et de tracer une méthode raisonnable de traiter la folie.

De toutes les parties de la médecine pratique, je l'ai indiqué ci-dessus, et je ne crains pas de le répéter, celle de guérir les fous est la plus difficile, la plus ingrate et en même temps, la plus rebutante. C'est sur-tout cette partie qui demande impérieusement une sorte de philosophie, sans le secours de laquelle les efforts du médecin seront toujours bornés et, le plus souvent infructueux; il doit surtout y apporter beaucoup de patience, de douceur, et ne pas désespérer d'abord des moyens ingénieux qu'il auroit pu mettre en usage pour leur guérison. Le point essentiel est qu'il soit assez éclairé, afin de développer si la cause de la folie naît d'un excès d'irritabilité dans le système nerveux, ou de son atonie et de son engourdissement. Mais, quelle qu'en soit la cause, il n'est pas moins absolument essentiel que le médecin gagne la confiance des fous soumis à ses soins, et trouve sur-tout dans la fécondité de son esprit, des secours moraux, pour les ramener à la raison. Quoiqu'il soit encore douteux parmi quelques praticiens, si les distinctions qu'on a faites de la folie et de ses variétés, ne doivent pas apporter une différence dans la manière de la traiter, il ne faudroit pas cependant croire que c'est la quantité des remèdes qui doit guérir cette maladie : le régime, l'exercice, la liberté, l'occupation à quelque espèce de travail, toute sorte de distractions et sur-tout beaucoup de douceur en leur parlant et dans les manières qu'on emploie auprès d'eux, forment une méthode de guérir bien plus sûre et plus raisonnable. J'avais déjà fortement insisté sur cette méthode, dans la première édition de cet ouvrage, et j'y insiste encore davantage aujourd'hui, depuis que je connois l'inappréciable traité du professeur *Pinel*.

Mais conviendroit-il, pour guérir les fous, de flatter l'objet de leur folie; ou faudroit-il en prendre le contre-pied? D'après mes remarques sur ce point de pratique, j'ai presque constamment observé, si ce sont des maniaques, des fous turbulens, que plus on les irritoit, que plus on contrarioit leurs idées, ou qu'on ne parût pas acquiescer à leurs opinions extravagantes; plus aussi on augmentoit leur délire, plus on échauffoit leur imagination, et souvent même à un point d'exaltation incroyable. Il en résulte alors une agitation extrême dans le cours des humeurs, le pouls s'accélère et devient très-fréquent, la chaleur du corps paroît augmenter, ce qui se manifeste sur-tout par la rougeur du visage, par le feu étincelant de leurs yeux, et au toucher; ils parlent avec une volubilité étonnante; ils s'agitent, vont et viennent, sans avoir un instant de repos; et si le fou que l'on a ainsi agacé, est sur-tout de l'espèce de ceux dont j'ai parlé ci-devant, on est assuré qu'il ne reprendra pas, de long-temps, une assiette tranquille. Tous ces mouvemens se communiquant principalement au cerveau, ce viscère en reçoit une telle excitation, qu'elle produit une surcharge d'idées qui se croisent de mille manières, s'étouffent, pour ainsi dire, les unes et les autres par la confusion qui en résulte; et alors il n'y a que le temps seul et la patience qui puissent calmer ce mouvement extraordinaire qu'on a imprudemment causé. Il faut donc sur-tout être fort soigneux de ne pas les irriter, en réveillant leur passion dominante, ou l'objet qui a causé la folie, soit par des discours, soit par la présence de ce même objet. Ajoutez à cela qu'en contrariant ainsi ces malades à plusieurs reprises sur le sujet de leur folie, il arrive que ces pauvres malheureux, qui souvent ont presque perdu la mémoire sur toutes choses, se rappellent très-bien la résistance qu'on leur a opposée, et prennent alors, non-seulement un travers, mais, ce qui est encore pis, une haine forte et décidée contre celui qui les a contredits : haine dont ils reviennent difficilement ; et par là on est privé d'un moyen réel, sinon de guérison, tout au moins de soulagement pour ces infortunés.

Un homme qui avoit la folie de se croire sorcier, en fut guéri par *Gassendi*, de la manière suivante : ce philosophe célèbre persuada à cet homme qu'il vouloit être sorcier comme lui ; il lui demanda de sa drogue et feignit de s'en frotter ; ils passèrent la nuit dans la même chambre : le sorcier endormi, s'agita et parla toute la nuit ; à son réveil, il embrassa *Gassendi*, le félicita d'avoir été au sabbat, et raconta tout ce que *Gassendi* et lui avoient fait avec le bouc. *Gassendi* lui montrant alors la drogue, à laquelle il n'avoit pas touché, lui fit voir qu'il avoit passé la nuit à lire et à écrire, et parvint, par là, à tirer le prétendu sorcier de son illusion (1).

Je ne pense pas cependant qu'on dût flatter, jusqu'à un certain point, l'idée principale qui auroit rendu un homme fou, ni qu'on puisse trop le bercer dans son délire, parce qu'il seroit à craindre pour lors de perpétuer son état; il abonderoit dans son sens, si je puis me servir de cette expression, et son imagination rouleroit continuellement autour d'un cercle dont il ne sortiroit jamais, par la disposition qu'auroit acquise le cerveau, de produire et reproduire sans cesse les mêmes idées.

---

(1) Essai sur les mœurs, tome VI, page 285.

Il y a donc un terme moyen, mais qui n'est pas aisé à saisir, pour la guérison des fous, entre contrarier et flatter l'objet de leur folie. J'avoue de bonne foi que c'est là le *punctum difficile* ; les praticiens y ont peu réfléchi, ou l'ont absolument négligé : quant à moi, je le regarde comme le principal secours et un des plus assurés contre cette maladie. C'est dans ces circonstances où le médecin doit puiser des ressources dans ses facultés morales, plier son caractère à celui de l'insensé, et le devenir, pour ainsi dire, lui-même. On criera, sans doute, au paradoxe, lorsque je dirai qu'il faut presque sans cesse parler raison aux fous, quoiqu'ils ne l'entendent pas, quoiqu'ils n'y fassent pas attention, et qu'ils continuent à déraisonner : à force de constance et de persévérance dans ce moyen, on réussit quelquefois à les ramener ; à la vérité, cela n'arrive pas toujours, mais j'ai plus d'une observation qui prouve le succès de cette manière d'agir avec eux.

OBSERVATION.

Une femme d'environ 30 ans, d'une constitution saine et robuste, et d'un caractère assez doux, avoit épousé, de bonne foi, un second mari, d'après une assurance positive de la mort du premier, dans une bataille contre les ennemis; mais, au moment de son départ pour l'Italie avec le second, le premier paroît, qui, avec sa demi-brigade, alloit aussi du côté de Milan. Dès qu'elle eut appris, à n'en plus douter, que celui-ci étoit vivant et, qui plus est, en ville, elle tomba dans une défaillance très-longue, pour laquelle on me fit appeler: après avoir repris ses sens, elle fut attaquée de convulsions violentes et accompagnées subitement d'un délire maniaque. Je parvins à faire cesser les convulsions; mais, le délire persistant, ne faisant même

même qu'augmenter, et les maris étant partis chacun pour sa destination, on fut contraint de la mettre à l'hôpital des fous.

Comme elle avoit pris quelque confiance en moi : touché de son malheureux sort, la voyant fort éloignée de son pays, et se trouvant tout-à-coup entourée de personnes qui lui étoient absolument inconnues, je défendis, pour les lui rendre familières, de la renfermer dans un cachot; je recommandai au contraire de la laisser libre dans la maison, parce que d'ailleurs elle n'étoit point méchante. Je la voyois souvent, et quoique son aliénation fût continuelle, et avec moins d'intensité, ma présence la calmoit chaque fois. Elle resta près de huit à neuf mois dans cet état, buvant, mangeant, ne faisant que se promener et parlant sans cesse, sans aucune liaison dans ses idées ni dans ses propos. J'essayai plusieurs fois de me rapprocher de ses idées extravagantes, et de déraisonner avec elle; et je m'apperçus, au bout de quelque temps, que ce moyen avoit considérablement diminué son aliénation; mais, au moment où je me flattois de l'espoir de sa guérison, elle devint tout-à-coup triste, sournoise, silencieuse, elle ne voulut plus sortir de son lit, et refusa, dès ce moment, toute espèce de nourriture solide ou liquide, et, qui plus est, toute boisson quelconque. J'employai vainement toutes les ressources imaginables, physiques et morales, pour lui faire avaler une cuillerée à café d'eau pure, pendant le cours de 23 jours qu'elle demeura dans cet état.

La voyant sans force, sans pouls, la voix absolument éteinte, et sur-tout la bouche toujours béante, je me retirois, la croyant sans espoir et décidément perdue, lorsque, réfléchissant sur cette bouche entr'ouverte, sur le peu de résistance qu'elle pouvoit opposer à mon dessein, vu son extrême foiblesse, je revins sur mes pas, avec l'idée de lui faire couler quelques gouttes d'eau sucrée dans l'œsophage, sans l'en prévenir. Je réussis dans ma première tentative, et je m'apperçus que non-seulement elle s'étoit aidée à les avaler, mais encore que la fraicheur de l'eau lui avoit fait plaisir. Je tentai aussitôt un second essai qui eut le même succès. Alors je la pressai vivement pour y revenir une troisième fois; j'exigeai un peu de complaisance de sa part, et lui fis sentir qu'on pourroit la tirer de la triste situation où elle étoit: elle parut m'écouter, et ne pas tout-à-fait refuser ce que je lui proposai de nouveau. Alors, au lieu du sucre avec l'eau, j'employai le sirop d'écorce d'oranges, et recommandai de s'en tenir à cette seule boisson, donnée fréquemment pendant tout le jour, jusqu'au lendemain. Je n'osois pas en hasarder de plus consistante, ni faire ajouter du vin à l'eau; je craignois qu'une si longue privation d'alimens n'eut rétréci le conduit de l'œsophage. Cependant, dès le troisième jour, je tentai du bouillon de viande dégraissé, dont elle prit, à force de sollicitations, environ une tasse à café dans le jour.

La voix et le sommeil, au bout du troisième jour, parurent un peu se rétablir; elle prononça quelques mots, mais qui indiquoient toujours l'aliénation de son esprit. Je redoublai de soins, et la mis insensiblement à une nourriture successivement plus substantielle et plus consistante; les évacuations alvines et urinaires, qui, depuis long-temps, n'avoient pas eu lieu, commencèrent à reparoître en petite quantité; ce qui ne pouvoit pas être autrement. Enfin, lorsqu'elle fut ainsi parvenue par gradation, à se nourrir à peu près comme les autres, et qu'elle eut recouvré un peu de force, je la fis sortir de son lit pour se promener dans les salles. Quoiqu'elle fût toujours aliénée, mais à un degré bien inférieur à ce qu'elle étoit avant cette dernière époque, je continuai toujours à m'associer à ses idées décousues, comme je l'avois fait dans les commencemens, et je parvins, par ce moyen, à lui faire exécuter tout ce que je voulois. Dès ce moment j'eus encore une fois l'espoir de sa guérison, et, pour y parvenir plus promptement, je lui conseillai de se livrer aux travaux les plus pénibles du jardinage, de faire l'office d'infirmière, et de ne se refuser à rien de ce qu'on exigeroit d'elle pour le service de la maison.

En effet elle se mit à toute espèce de travail; sa docilité et sa complaisance la firent aimer de tous les individus de l'hôpital; l'habitude d'être continuellement avec eux, la diversité de ses occupations, la fatigue qui y étoit attachée, dissipèrent peu à peu ses idées disparates, et ramenèrent insensiblement sa raison, au point qu'étant aujourd'hui fort tranquille et tout à la fois très-utile, elle exécute avec une satisfaction singulière tout ce qu'on exige de ses services. Sa constitution et sa santé se sont même en général améliorées depuis que son aliénation dont la durée d'environ une année et demie, a disparu : elle a aujourd'hui beaucoup d'embonpoint, et paroît plus robuste qu'elle ne l'étoit avant de tomber en démence.

Cette observation est un exemple frappant que l'on peut ramener des aliénés en déraisonnant avec eux, et en se prêtant à toutes leurs idées extravagantes. Cependant, comme ce moyen n'est pas un spécifique général, je ne répondrois pas toujours de sa réussite dans des cas pareils; mais il est bien certain que, si j'avois pris ici la voie contraire, si j'eusse contredit ses propos et n'eusse pas acquiescé à ses idées, je n'aurois pas réussi : c'est un point délicat sur lequel il convient sur-tout de tâtonner. Je dois encore ajouter que la folle qui fait l'objet de cette observation, est une de celles sur qui l'influence lunaire avoit le plus de pouvoir.

Au reste je suis si éloigné de penser que l'on doive contraindre les fous, que je crois qu'on ne devroit pas même les renfermer, sur-tout lorsqu'ils ne sont ni furieux, ni bien méchans, ou, tout au moins, lorsqu'ils ne le sont pas au point de faire courir quelque danger à ceux qui les approchent ou qui sont obligés de les servir. Je suis intimément persuadé qu'il y a plusieurs fous qui le sont devenus pour toujours, parce qu'on les a fermés trop tôt ; beaucoup, parce qu'on les y a trop long-temps tenus ; et d'autres, parce qu'ils l'ont été pendant toute leur vie. Je pourrois encore malheureusement citer plusieurs observations de ce genre ; mais, si le silence, dans cette matière, n'étoit pas une loi sacrée qu'il n'est jamais permis d'enfreindre, il me seroit aisé d'en citer de consolantes, où m'étant fortement opposé à ce qu'on ne fermât pas certains aliénés, et à les laisser au contraire jouir de toute leur liberté, ils sont cependant revenus à la raison, et ont totalement recouvré leur bon sens.

Il n'est pas douteux qu'on réussiroit certainement à guérir un plus grand nombre de fous, si, libres dans un clos vaste, spacieux et agréable, mais cependant sûr, ils pouvoient aller, venir, se promener à leur gré, et jouir d'un air plus sain et moins infect que celui qu'ils respirent communément dans leurs cachots. Il faudroit qu'il y eût des gens à gages uniquement destinés à leur surveillance, et qui, les gardant à vue, ne feroient que s'opposer à leur évasion, s'ils vouloient la tenter. Ce moyen deviendroit peut-être coûteux; cette surveillance pourroit, sans doute, paroître, au premier abord, d'une exécution difficile et peu ordinaire; mais quelle précaution ne devroit-on pas employer; pourquoi, si ce moyen pouvoit seulement rendre la santé à un seul des fous d'un hôpital, ne le mettroit-on pas en pratique? D'ailleurs ne seroit-ce pas déjà bien mériter de l'humanité, que de procurer à ces infortunés la jouissance d'une espèce de liberté qui, quoique simplement mécanique, leur donneroit cependant celle, en se promenant, d'affoiblir une partie de leurs idées extravagantes, par les différens objets que la nature offriroit sans cesse à leurs yeux? Il me paroîtroit d'autant plus avantageux de recourir à cette ressource, qu'un symptôme commun à tous les fous, est celui de demander toujours à sortir de leurs cachots, de chercher à s'évader, pour peu qu'ils puissent en trouver l'occasion, et d'en saisir l'instant avec une sorte de finesse qui leur est propre.

C'est, de toutes les observations faites sur ces malades, une de celles que j'ai trouvée la plus constante, la plus frappante, et sur laquelle on peut compter en toute assurance. Je n'en ai jamais visité aucun, même des plus furieux et des plus constamment insensés, qui, avant de le quitter, n'ait interrompu sa fureur, ou le torrent de ses idées incohérentes, de ses propos extravagans, pour me prier de le faire sortir de son cachot. J'ai souvent acquiescé à leur demande; j'y mettois même une sorte de complaisance délicieuse, et je n'ai jamais eu lieu de m'en repentir. Et qui sait si ce n'est pas le cri de la nature qui se fait entendre dans ce cas là, et qui inspire ce désir aux insensés, pour leur bien-être, de la même manière et par un mécanisme analogue, qu'il fait désirer avec ardeur la boisson aux fébricitans! Le praticien ne doit-il pas étudier ici la nature et la suivre, comme il est obligé de le faire dans les autres affections du corps?

On a observé que la situation horizontale du corps est nuisible à tous les fous, et plus encore aux fous furieux. Il faut, autant qu'il est possible, les faire rester de bout, même les y engager, pour diminuer la plénitude et la tension des vaisseaux du cerveau, et empêcher par là de nouvelles excitations dans cet organe; on doit par conséquent les laisser promener autant que peut le permettre leur état. Il est encore très-essentiel d'écarter tous les objets qui, par la vue, par l'ouïe, ou par quelques-uns des autres sens, pourroient rappeler les idées anciennes et leurs diverses associations. Il faut aussi, par la même raison, empêcher les visites des étrangers, et rarement permettre celles de ceux qui sont de leur connoissance; ce précepte doit être d'autant plus rigoureusement suivi, que j'ai eu occasion d'observer très-fréquemment que la plupart des visites que l'on fait aux fous leur sont généralement préjudiciables; souvent même celle du médecin l'est aussi, par la crainte qu'il ne prescrive quelques remèdes. La tranquillité d'esprit et de corps dont ils jouissent pendant quelques instans dans leurs cachots, est souvent, pour ne pas dire toujours, troublée par l'apparition de ceux qui viennent les voir : s'ils dorment, on les réveille, et avec eux toutes leurs idées extravagantes; s'ils ne dorment pas et qu'ils soient comme dans une espèce d'apathie, frappés de l'objet qui se présente à eux, leur imagination s'échauffe, les idées se succèdent rapidement les unes aux autres, les propos analogues s'ensuivent ; ils s'agitent, parlent sans relâche, et cette excitation une fois commencée, augmente insensiblement et continue souvent pendant plusieurs heures de suite, sans qu'il soit possible de leur rendre la tranquillité par aucun moyen. Rien ne seroit plus propre à les appaiser dans cet état, que de leur offrir de la nourriture, ou de leur rendre quelqu'autre service : cette visite leur serviroit alors de calmant, et mettroit, pour ainsi dire, une entrave à la fougue où ils étoient ; elle suspendroit le torrent de leurs idées, ou en arrêteroit le cours. J'ai souvent vu, dans cette circonstance, qu'une semblable visite donnoit à ces malheureux quelques intervalles assez longs de répit, les ramenoit, sinon à la raison, du moins leur procuroit, pour quelques momens, un bien-être et une tranquillité dont ils ont assez besoin, et qu'il n'est pas toujours aisé d'obtenir. J'ai moi-même, souvent et sans le vouloir, occasionné ces variations, dans leur état, et j'en ai fait quelquefois la triste expérience, en les visitant comme médecin ; lorsqu'entrant dans le cachot d'un de ces maniaques, il se trouvoit éveillé et tranquille, ou endormi sur son grabat ; ma présence le faisoit sortir tout-à-coup de son état ; il commençoit à s'agiter, à parler sans cesse et sans suite, à se promener haut et bas, sans vouloir ni m'écouter, ni me répondre. Forcé pour lors de l'abandonner, j'avois le regret d'entendre de dehors les propos discordans qu'il tenoit, la colère dans laquelle il étoit entré, et de m'appercevoir du degré d'agitation où il se montoit. J'ai eu souvent la constance de rester très-long-temps à la porte des cachots, pour juger de l'intensité et de la durée de cet état affreux où, malgré moi, je l'avois jeté, tandis que mon intention n'étoit que de leur être utile; mais quelquefois aussi j'ai eu la douce satisfaction d'avoir causé un effet contraire : s'ils étoient dans un de ces violens accès de folie, dès que je paroissois, ils s'appaisoient aussitôt ; le calme succédoit au trouble de leurs idées ; ils répondoient avec justesse aux questions que je leur faisois ; ils paroissoient, pour quelque temps, avoir recouvré la raison, et si je ne les avois pas guéris complètement, j'avois du moins suspendu leur maladie, et toujours je les avois consolés. Et pourquoi ne dirois-je pas que c'est là souvent à quoi devroit se borner toute la science du médecin?

Mais quels moyens, dira-t-on sans doute, faudra-t-il donc employer pour contenir les fous? Je réponds d'abord que les moyens de répression ne sont pas faciles à déterminer, et qu'ils exigent beaucoup de prudence dans le choix qu'on doit en faire. C'est peut-être précisément dans ce point de pratique où il est presque ordinaire d'échouer ; je ne me flatte pas d'en avoir imaginé de bien bons, ni de bien merveilleux; mais, à coup sûr, je ne serai jamais d'avis qu'on doive mettre en usage aucun de ceux qui sont durs et violens; je pense, au contraire, qu'il ne faut, le plus souvent, se servir auprès de ces malades, que de ceux qui sont les plus doux et les plus humains: c'est bien ici où une philosophie sage et éclairée doit particulièrement être le guide du médecin.

Le célèbre *Cullen* recommande une chemisette serrée au corps, comme le meilleur moyen pour contenir les fous qui sont furieux; ce moyen paroît en effet assez convenir; mais, comment leur vêtir cette chemisette dans leurs accès de fureur, sans qu'il y ait du danger pour celui qui voudra s'en charger? avec quelle colère et avec quelle force ne se défendront pas les fous à qui il s'agira de l'endosser? Comme ils ne sont pas toujours furieux, on pourroit, à la vérité, saisir les

les instans de calme pour la leur vêtir ; mais, chez les maniaques, chez ceux dont la folie est colérique, et à qui un rien cause des irritations violentes; cet acte de force et de vigueur, cette espèce de lien qui va servir à enchaîner le peu de liberté qui leur reste, ramenera bientôt leur fureur et les jettera peut-être dans un état cent fois pire que celui que l'on cherchoit à réprimer, et dont l'expérience prouve chaque jour, que la durée, s'étendant beaucoup au delà de ce qu'on auroit pu imaginer, fera regreter de s'être servi d'un semblable moyen. Il sembleroit donc que cette ressource est insuffisante, et que, si elle n'est pas absolument vicieuse, elle ne remplira que difficilement le but qu'on se propose en pareil cas. Le même auteur recommande encore la *peur*, comme un secours qui, diminuant l'orgasme excité dans le cerveau des fous irascibles, peut en calmer les accès. J'adopterois d'autant plus volontiers ce moyen (quoique cependant il ne faille pas en abuser), que l'expérience m'a fait reconnoître qu'il manquoit rarement son effet, et que, d'après elle, je l'ai employé plusieurs fois avec succès. Je crois néanmoins que, tout comme l'ame s'habitue tellement à une passion quelconque, qu'à la fin cette passion ne produit plus sur elle la même impression qu'elle causoit dans le commencement ; le cerveau se feroit peut-être de même à cette fréquente habitude de *peur*, à tel point, qu'elle deviendroit puis absolument infructueuse. D'ailleurs, n'y auroit-il pas à craindre que ce moyen, souvent répété, ne portât un trop grand relâchement dans les vaisseaux de ce viscère, en empêchât la réaction si nécessaire à la guérison, et ne produisît une telle apathie, qu'elle jetteroit, à la fin, les malades dans une imbécillité absolument incurable, sur-tout ceux qui y seroient déjà prédisposés? Au reste, qu'est-il besoin de chercher des moyens mécaniques pour contenir les fous dans leurs fureurs; puisqu'un praticien aussi célèbre que *Cullen*, avoue qu'il n'en a trouvé aucun qui fût tout à la fois facile et vraiment salutaire?

Après avoir indiqué quelques-uns des moyens curatifs de la folie, parmi ceux que peut suggérer une philosophie sage, prudente et éclairée, voyons quels seroient ceux qu'une pratique bien dirigée, et fondée sur l'observation, peut conseiller et mettre en usage avec succès contre cette maladie.

La saignée paroît d'abord être le premier des secours et le plus utile; c'est aussi celui qui est en effet le premier et le plus ordinairement employé. Se présente-t-il un fou furieux, un fou méchant? le commun des hommes, et même le commun des médecins prononcent aussitôt qu'il faut le lier et le saigner, sans examiner souvent ce qui aura précédé, et, plus souvent encore, sans s'informer si on n'a point donné occasion à sa fureur, à sa méchanceté, ou au retour de l'une et de l'autre. Sans doute la saignée est un grand remède dans cette maladie; cependant elle n'est vraiment utile et nécessaire que dans les commencemens de la folie, et elle est décidément nuisible lorsqu'on n'en saisit pas le vrai moment, ou lorsqu'elle est invétérée. Si le malade est jeune, s'il est d'un tempérament sanguin, si c'est un athlète, si, dans ses accès de fureur ou de méchanceté, il donne en même temps des preuves non équivoques d'une force peu commune, et sur-tout s'il se trouve dans les premiers temps de sa folie, n'hésitez pas de lui faire tirer du sang, dont la quantité sera proportionnée à tous les signes qu'on vient de décrire? La saignée du pied, faite par une très-large ouverture, opère souvent des prodiges; la prompte révulsion des humeurs que son action produit sur les vaisseaux du cerveau, débarrasse souvent ce viscère de la surcharge du sang qui les opressoit; et, rétablissant une circulation plus douce, plus égale, elle le rend, en même temps, moins irritable et ramène quelquefois le calme dans les idées, d'une manière surprenante, sur-tout lorsqu'elles sont le produit de combinaisons faites au hasard. Ne vous effrayez pas, quand même le malade tomberoit en défaillance? elle est d'un augure favorable; souvent on a vu des fous prendre une syncope dans des cas pareils, et revenir de là, au grand étonnement des assistans, avec toute leur raison. La saignée de l'artère temporale et celle des jugulaires ont aussi souvent été faites avec beaucoup de succès; c'est à la proximité du lieu affecté que sont dûs les bons effets de l'une ou de l'autre de ces deux opérations; elles agissent trop immédiatement, pour ne pas être extrêmement salutaires, et il n'est pas douteux qu'elles le seroient encore davantage, s'il étoit possible de porter la lancette même dans les vaisseaux internes du cerveau. On est quelquefois obligé de réitérer la saignée chez les fous; mais c'est à la prudence du médecin que doit sur-tout être confiée la seconde ou la troisième évacuation sanguine; il n'aura pas même fait une faute, quand il auroit économisé cette liqueur précieuse dans laquelle réside la vie; et il en aura commis une très-grande, s'il a excédé; car le malade tombe alors dans une atonie dont rien ne peut le relever; il s'ensuit une stupeur et une hébétude que je regarde comme le plus mauvais symptôme, parce que je n'en ai jamais vu revenir aucun, ou du moins très-peu, lorsqu'ils étoient parvenus à cet état, d'après des saignées copieuses Gardez-vous donc bien de suivre, dans le traitement de la folie, la routine meurtrière, pratiquée dans certains hôpitaux, où l'on saigne, à plusieurs reprises, tous les fous indistinctément, sans trop considérer si la folie est récente ou ancienne; si la constitution du malade est sanguine ou non; s'il est jeune ou robuste, foible ou avancé en âge; si la folie n'est point occasionnée par des excès quelconques, et sur-tout par ceux de l'amour; ou bien si peut-être elle ne provient pas d'un vice contraire, c'est-à-dire, d'une longue abstinence, ou d'une grande inanition?

OBSERVATION.

Je fus consulté, il y a quelques années, par écrit, pour un jeune homme de 16 à 18 ans, dont la tête commençoit à se brouiller, et qui avoit déjà donné, par intervalle, des marques d'une fureur maniaque ; avant de donner mon avis, je demandai à voir le malade de près, pour m'assurer de la cause et de l'état de cette aliénation, sur-tout à cet âge : on me l'amena ; mais, à l'inspection de son visage, au maintien de son corps, et à certaines réponses ambiguës qu'il fit à mes diverses questions, je fus bientôt persuadé que la masturbation étoit la cause de sa maladie. Cependant, désirant, pour plus de sûreté, en tirer l'aveu même de sa bouche ; pour y réussir, je lui demandai son pouls à tâter ; il s'y refusa d'abord, imaginant peut-être que ce moyen me déceleroit son secret ; je pressai vivement, il résistoit ; j'insistai d'un ton ferme et sévère, en lui prenant en même temps le poignet, et je le lui tâtai pendant un temps plus long qu'on ne le fait communément : cette opération finie, je lui dis hardiment et d'un ton décisif : *Monsieur, votre pouls m'indique que vous êtes adonné, depuis long-temps, à une habitude vicieuse qui va vous jeter dans la démence, si vous persistez à vous y livrer* (je dois pourtant avouer que son pouls ne m'annonçoit que de la foiblesse et un mouvement frétillant, suites de sa manœuvre, et il ne pouvoit guères indiquer autre chose). Le jeune homme resta stupéfait, rougit, et me balbutia ce que je voulois savoir, d'une manière cependant assez claire, pour suspendre des perquisitions ultérieures, et ménager son embarras. Je le renvoyai à ses parens, en lui assurant très-positivement que, s'il continuoit à suivre ce malheureux penchant, il deviendroit certainement fou, et qu'alors on seroit obligé de le fermer. J'avertis les parens, de la cause de la maladie; je leur fis dire que l'absolue cessation de cette habitude étoit le seul remède que je dusse prescrire, et que c'étoit à eux à veiller très-exactement, pour qu'il ne la continuât pas. Le jeune homme en effet docile à mes conseils, intimidé par mon pronostic et par les suites où l'entraineroit ce penchant, n'y revint pas de longtemps; il reprit de l'embonpoint, et son teint, sa couleur naturelle; sa tête revint à son assiette ordinaire ; il se remit aux études, qu'il avoit été contraint d'abandonner; mais, soit la fréquentation de ses camarades, soit plutôt la force de l'habitude et l'attrait qui y est attaché, il recommença son ancien train de vie, et retomba dans un état pire qu'auparavant; l'aliénation devint telle, que les parens ne savoient plus quel parti prendre; on appela alors un chirurgien pour lui porter quelque secours ; l'Esculape de campagne, quoiqu'averti de la cause de la folie, ne vit rien de mieux que de prodiguer d'abord, à large dose, le remède de son métier (la saignée), qu'il eut soin de réitérer jusqu'à trois fois, voyant qu'à la première et à la seconde, le mal, bien loin de diminuer, avoit au contraire augmenté. Enfin, il manœuvra si bien, qu'à la troisième, le jeune homme tomba dans un affaissement et dans une imbécillité dont il n'est plus sorti. Victime de cette routine, dont j'ai parlé ci-devant, et de l'examen peu réfléchi de l'homme de l'art à qui on s'adressa; le jeune infortuné, sans autre remède qu'une vigilance des plus rigides, seroit aujourd'hui dans la société, si, au lieu d'aggraver la cause de son mal par ces évacuations de sang, on eût eu recours au moyen que j'avois suggéré; si on y eût ajouté quelques fortifians, et si on avoit eu la patience de laisser agir la nature; en reprenant peu à peu ses droits, elle auroit insensiblement ramené la santé et la raison.

Il seroit à souhaiter que cette observation fût lue et sérieusement méditée par les jeunes gens adonnés à ce penchant vicieux de la masturbation; ils verroient à quel danger ils s'exposent en s'y livrant, et si l'attrait perfide qui les y entraine peut entrer en compensation avec la mort, ou la folie, qui en sont ordinairement les suites.

Enfin, avant de prescrire la saignée contre la folie, il faut encore examiner si la cause, au lieu d'avoir son siége dans la tête, ne réside pas dans quelques-uns des viscères du bas-ventre. Mais aussi, combien y en a-t-il qui sont malheureusement sacrifiés à cette pratique meurtrière, et dont les résultats, s'ils étoient suivis de près, prouveroient évidemment qu'elle les a conduits à une incurabilité décidée; parce que, comme je l'ai déjà dit ci-devant, ils deviennent presque tous absolument imbécilles ?

L'émétique paroît, après la saignée, tenir le premier rang parmi les remèdes qu'on administre aux fous. Plusieurs praticiens s'en servent et le recommandent comme un moyen propre à donner une secousse à toute l'économie animale; cette secousse, parvenant à intervertir le cours irrégulier du fluide nerveux, peut métamorphoser (qu'on me pardonne l'expression), les idées extravagantes et disparates, en idées raisonnables et conformes au bon sens. Quant à moi, je regarde l'émétique, en général, comme très-nuisible dans la folie; je n'oserois le prescrire ni le conseiller, que dans le seul cas où la cause de cette maladie auroit évidemment son foyer dans l'estomac, ainsi que je l'ai vu arriver deux fois; ou dans celui qui indiqueroit quelque stase humorale dans les viscères du basventre. L'action de l'émétique est de pousser le sang au cerveau par les carotides, et d'en empêcher le retour par les jugulaires; ce concours ne peut donc qu'augmenter la plénitude des vaisseaux de la tête. L'émétique agit bien aussi, à la vérité, sur toute la périphérie du corps, et pourroit peut-être, par là, contribuer, en quelque manière, à la déplction des vaisseaux cerebraux; mais, son effet mécanique étant plus souvent et plus constamment déterminé vers le cerveau même, il est possible qu'il devienne aussi infiniment dangéreux.

Si l'émétique est un remède qu'on doive très-rarement employer chez les fous, il n'en est pas de même des purgatifs; puisqu'on observe qu'ils produisent, le plus souvent, de très-bons effets. On sait que les fous mangent communément beaucoup; que, s'ils sont abandonnés à eux-mêmes, ils ne mettent aucun choix dans la qualité des alimens; et que, dans les hôpitaux, l'économie oblige nécessairement à ne leur donner qu'une nourriture commune, grossière, et conséquemment indigeste, qu'ils dévorent cependant avec une sorte de gloutonnerie qui leur est propre. Leurs digestions sont donc presque toujours imparfaites; le chyle qui en provient, ne peut être que de mauvaise qualité, et la masse des humeurs successivement mal élaborée: ce sont autant de circonstances qui paroissent impérieusement demander des évacuations par les selles, répétées de temps en temps. Ce qui le prouveroit encore mieux, c'est que j'ai constamment observé que les fous sont très-sujets à la diarrhée, et que dans ce temps ils sont moins furieux, et leurs propos moins extravagans. D'ailleurs, l'expérience confirme, tous les jours, aux praticiens, que les purgatifs soulagent en général et diminuent les maladies de la tête, par la dérivation des humeurs qu'ils déterminent du côté du tube intestinal.

Mais, de tous les remèdes propres

à soulager ou à guérir la folie, l'opium est vraiment le plus héroïque, sur-tout lorsque les fous sont maniaques et portés à la fureur; à moins cependant qu'il n'y ait quelque lésion organique dans le cerveau: ce secours, en calmant les agitations violentes auxquelles ils sont habitués, ramène une sorte de régularité dans la circulation, et rétablit l'ordre dans leurs idées, en leur rendant le pouvoir que la volonté a de régler la succession de nos pensées: de noires et ténébreuses qu'elles sont ordinairement, l'opium les rend douces, gaies et plus analogues à leur caractère primitif; le pouls devient lent, souple et tard; leur physionomie se déride et s'adoucit; les traits n'en sont plus si fortement désorganisés; tout leur maintien reprend son état naturel, et leur imagination recouvre sur-tout ce pouvoir, dont on a parlé ci-dessus, et dont la suspension empêchoit la liaison de leurs idées. Ce moyen est

est d'autant plus utile, que, pendant ces momens de tranquillité, on peut plus aisément leur administrer d'autres remèdes, parce qu'on peut plus facilement disposer d'eux. D'ailleurs, quand on ne feroit, par là, que suspendre leurs accès, ne doit-on compter pour rien celui de procurer à ces infortunés des momens de calme et de repos, en les ramenant, pour ainsi dire, à un nouvel état dont ils ne jouissoient plus depuis long-temps? Il ne faudroit pas croire que ce remède dût être donné aux doses ordinaires; il ne produiroit, dans cette circonstance, que très-peu ou point d'effet. L'expérience a confirmé que les acides énervent, détruisent même l'action de l'opium, et qu'ils sont reconnus pour être l'antidote de cette substance: or, comme les humeurs des fous sont toutes imprégnées d'une acidité surabondante et très-développée, ce dont on s'apperçoit sensiblement par l'odeur qu'exhalent leur transpiration et toutes leurs autres excrétions ; et que les sucs de l'estomac, déjà acides par leur nature, contractent encore, dans la folie, cette qualité à un plus grand degré d'intensité ; on ne doit donc pas être surpris si ce médicament, donné, à peu près, aux doses que le prescrivent communément les praticiens, manque absolument son effet : il les agiteroit au contraire, augmenteroit infiniment leur loquacité, leur colère, leurs fureurs, en un mot, tous les symptomes violens de cette cruelle maladie. Je n'ai jamais employé que le *laudanum liquide de Sidenham* (1),

---

(1) *Le laudanum liquide de Sydenham* est une composition dans laquelle entrent l'opium en substance, le safran oriental, la canelle et les cloux de gerofle, que l'on met en digestion au bain-marie dans du vin d'Espagne, pendant trois jours.

Ce seroit sans doute une pedanterie que d'avoir fait cette note pour des médecins ; je suis bien ou *l'opium* en substance; et si l'on donne communément dans la pratique l'un à 25 ou 30 goutes, et l'autre à un grain ou un grain et demi, dans une seule dose; il ne faut pas craindre d'ordonner le premier à 40 ou 50 goutes, et le second à 2 grains et demi ou 3 grains par fois. Ce n'est qu'en portant ce remède à une pareille quantité, et quelquefois même à une plus grande, qu'il peut devenir de quelque efficacité. Les forces, l'âge, le tempérament et le degré de folie seront d'ailleurs la vraie boussole qui devra diriger la prudence du médecin dans ces cas difficiles et délicats.

Le camphre doit aussi être em-

éloigné de penser que ceux qui pratiquent la médecine, ignorent la composition et la préparation de celui-ci; moins encore qu'ils osassent en prescrire aucun sans les connaître; mais, comme il pourrait se trouver d'autres lecteurs que des gens de l'art, c'est pour ceux-là que j'ai jugé à propos d'en détailler la composition. Au reste, je préférerois l'opium.

ployé dans la folie sous le même point de vue que l'opium; sa vertu sédative et son odeur vive et pénétrante, doivent sur-tout lui mériter la préférence à tous les remèdes de cette nature; et son action se portant promptement et immédiatement sur tout le système nerveux, on ne doit pas plus hésiter, pour celui-ci que pour l'opium, d'en excéder les doses ordinaires, si on veut obtenir des succès heureux; souvent même il m'est arrivé d'avoir allié ces deux substances ensemble, et d'en avoir obtenu de très-bons effets. Il ne faudroit pas cependant croire que ces deux remèdes fussent des spécifiques contre la folie, quoiqu'ils aient passé pour tels, ainsi que le safran, le castoreum et le musc, auxquels on avoit gratuitement attribué des qualités inhérentes et intrinsèques, capables de rétablir les désordres de la raison et de l'imagination. Prétentions vaines, trompeuses et propres à séduire les praticiens trop crédules! puisque l'on observe souvent que le même remède, donné dans le même cas, et qui avoit réussi chez un fou, avoit au contraire augmenté la maladie chez un autre. L'opium, malheureusement, paroît sur-tout être de ce nombre, puisque le sentiment des praticiens est même assez partagé sur ses effets dans cette maladie. Enfin, il faut pourtant avouer avec franchise que l'opium, le camphre et beaucoup d'autres moyens, n'ont eu souvent que peu de succès contre la folie; et qu'après plusieurs essais fondés sur ce que le raisonnement et l'expérience la mieux suivie pouvoient me suggérer de plus approprié au soulagement des malheureux soumis à mes soins, je ne recueillois que le triste fruit de les avoir inutilement tourmentés, et, souvent même, de n'avoir rien avancé en leur faveur; trop heureux encore, quand je n'avois pas aggravé leur état!

Je ne conseillerois pas non plus d'avoir une bien grande confiance à l'hellébore, quoiqu'il ait été regardé comme le seul et vrai spécifique contre la folie, et qu'il ait même quelquefois opéré des miracles. *Hippocrate*, dont les observations doivent certainement être d'un grand poids, en fait les plus grands éloges; mais aussi il ne le recommande qu'avec beaucoup de circonspection, après avoir néanmoins préparé le malade auparavant, et encore chez des sujets forts et robustes; les anciens ne l'ont en effet employé qu'avec la plus sage retenue. On a cru que cette substance agissoit spécifiquement sur le cerveau et sur les organes immédiats des sens; mais les vrais médecins ne se laisseront pas abuser sur cette erreur; l'estomac et les intestins sont bien plutôt les parties sur lesquelles il exerce immédiatement son action; son effet sur le cerveau ne pourroit, tout au plus, être que secondaire, tel que seroit celui de tout autre émétique ou purgatif. On trouve dans *Pline* le naturaliste, que *Mélampe* avoit guéri les filles du roi Prœtus, de la folie, avec l'hellébore: le fait peut bien être vrai; mais on doit être en garde contre tous ces divers contes, et, surtout, contre plusieurs de ceux qui sont rapportés dans les œuvres de cet auteur célèbre.

On a beaucoup vanté les bains, dans le traitement de la folie, sur-tout ceux de rivière, ou les bains froids domestiques, lorsqu'on n'est pas à portée de les prendre dans une eau courante; on a versé de l'eau froide, en manière de douche, sur la tête des fous, après les avoir fait raser; on a appliqué de la glace sur cette partie, en forme de calotte: tous ces moyens sont encore fort avantageux et ont quelquefois produit de très-bons effets; je pense même que ces sortes de secours, eu égard à leur utilité, ne doivent pas être négligés, et ne peuvent point être regardés comme tout-à-fait indifférens. Le froid, en général, n'est pas absolument nuisible aux fous, puisqu'on remarque qu'ils le supportent à un degré très-considérable, et auquel nul être raisonnable ne pourroit résister sans souffrir. Les bains chauds peuvent aussi convenir dans cette maladie, mais seulement dans les tempéramens où la fibre est sèche, roide, tendue, et sur-tout chez les mélancoliques. On réussit aussi quelquefois en leur versant de l'eau froide sur la tête, à une certaine hauteur, et par manière d'aspersion, pendant qu'ils sont dans le bain chaud; le saisissement occasionné par ce contraste subit et inattendu peut opérer une révolution dans le cours des liquides du cerveau, ramener en même temps la régularité dans la circulation générale des humeurs, et conséquemment la justesse dans les idées.

OBSERVATION.

Un homme robuste, âgé d'environ 30 ans, d'un tempérament mélancolique, étoit sujet à des hémorroïdes qui fluoient de temps en temps. Cette évacuation cessa sans cause apparente, et, dès cette cessation, cet homme devint triste, sournois, taciturne, ne s'inquiétoit plus de sa famille, cherchoit toujours à être seul, ne parloit qu'avec lui-même, déraisonnoit complètement lorsqu'il se trouvoit en société, et donna enfin des marques non équivoques de démence.

Je fus consulté; je vis le malade, et, plus heureux que tous ceux qui l'abordoient, je parvins, à force de questions différentes, à lui faire avouer qu'il avoit été sujet à des hémorroïdes, dont, par bonheur pour lui, disoit-il, il étoit délivré depuis quelque temps. Je lui fis appliquer, d'après cet aveu, plusieurs sang-sues au fondement; je conseillai des lavemens légèrement irritans, afin de rappeler, s'il étoit possible, les tumeurs hémorroïdales et leur flux. Il fut purgé deux fois, et, à chaque fois, je fis ajouter au purgatif quelques grains d'aloès, pour parvenir au même but: mais tout fut inutile; les hémorroïdes ne reparurent pas, et le malade continua à être évidemment en démence.

Enfin, ayant observé que son tempérament étoit sec; sa fibre roide et très-susceptible d'irritation; le tissu de sa peau, serré, dense, et que l'insensible transpiration étoit presque nulle; je m'avisai de lui conseiller des bains tiédes, et, pendant qu'il étoit au bain, de lui faire tomber, en même temps, sur la tête, de l'eau froide, d'une certaine hauteur, par le moyen d'un arrosoir de jardin, en manière d'aspersion; et, à la sortie du bain, de lui faire donner, chaque fois, un lavement irritant. Le malade se soumit d'abord assez difficilement à ces remèdes ; la chute de l'eau et les lavemens ne lui plaisoient pas du tout; mais, tantôt par douceur, tantôt avec un ton d'autorité qui lui en imposoit, on en venoit à bout: on remplissoit en outre la durée du temps qu'il étoit au bain, par la lecture de quelque histoire amusante, et on parvint ainsi à l'accoutumer à toute cette gêne médicale. Au quinzième bain, les hémorroïdes reparurent et donnèrent du sang : d'après cet écoulement, la tête parut être un peu mieux ; sa démence n'étoit plus si continue, et ses idées étoient mieux suivies et mieux ordonnées. Je redoublai de soins ; je fis augmenter la hauteur de la chute d'eau sur la tête, et l'on promenoit cette espèce de douche froide sur toute la surface du crâne, faisant, en même temps, augmenter le degré de chaleur du bain. J'obtins, par ces moyens, une transpiration copieuse et gluante ; les idées se rectifièrent chaque jour, et le malade, s'appercevant du retour de sa raison, vint à demander lui-même les remèdes pour lesquels il avoit eu une si grande répugnance, et s'y prêtoit même avec plaisir. Enfin, au quarantième bain, il fut absolument débarrassé, et sa raison aussi parfaitement rétablie, que si elle n'eût jamais éprouvé la plus petite altération.

Lorsque la folie n'est pas invétérée, lorsque le malade n'est pas d'une constitution délicate, ou sujet aux maux de nerfs, il a été souvent utile de raser la tête, d'y faire des frictions avec une brosse un peu forte, ou simplement avec la main, imprégnée de quelques essences aromatiques spiritueuses et pénétrantes, telles que seroit le *baume de Vinceguere* (1), ou même encore d'y appliquer des

---

(1) On trouve la composition de ce baume dans les élémens de pharmacie de Baumé, page 402 de la 2.e édition.

vessicatoires, dont on entretiendroit la suppuration pendant quelque temps; enfin, on peut encore tenter, dans le même cas, des ventouses sèches sur le cuir chevelu, et mettre ensuite des sangsues sur l'élévation que les ventouses ont produite.

C'est à quoi se bornent à peu près tous les moyens que l'on peut mettre en usage dans le traitement de la folie. La plupart des secours que fournissent l'art de la chirurgie et celui de la pharmacie, m'ont paru, jusqu'à présent, assez bornés, pour ne pas dire presque insuffisans, si on n'y joignoit quelques-uns de ceux que suggèrent la gymnastique, l'hygiène, et cette philosophie, l'*hygiène de l'ame*, qui doit seule avoir une plus grande influence sur l'esprit de ces malades, que tous les agens physiques employés jusqu'ici. Dans le nombre de ces différens moyens, un travail assidu, constant et pénible (si on peut le mettre en pratique), des voyages et le changement de climat ou de situation, ont souvent été plus avantageux aux fous, que tous les autres secours, particulièrement à ceux dont l'imagination a été troublée par des affections trop vives. Les anciens médecins employoient fréquemment cette ressource, et réussissoient. C'est encore au praticien, sur-tout, instruit des effets que produisent les causes physiques, à choisir l'air et le climat qui peuvent lui paroître, suivant la nature et le caractère de la folie, les plus propres à la guérison. En général, les pays trop chauds ou trop humides, ou qui sont chauds et humides tout à la fois, favoriseroient plutôt cette maladie, qu'ils ne la détruiroient, puisqu'il est d'expérience que les vents du sud ou d'ouest, qui régnent ordinairement dans ces climats, affectent singulièrement la tête et les nerfs, et plus particulièrement ceux de ces malades.

Par-tout on a la coutume de tenir les fous enfermés dans des cachots, d'où on leur permet rarement de sortir. L'expérience me force à croire que cette méthode, très-peu nécessaire, moins encore qu'on ne l'imagine, est absolument contraire à leur guérison. J'ai remarqué que, s'ils ne sont pas extrêmement furieux (et il s'en faut de beaucoup qu'ils le soient tous et toujours), leurs accès sont moins violens et moins fréquens, lorsqu'on les fait sortir tout au moins une fois par jour; on diroit que la liberté physique dont leur corps jouit en les mettant hors de ces antres, leur rend en partie la liberté de l'ame; leur imagination se calme et s'étend à mesure de l'étendue de l'atmosphère qu'ils respirent; la majesté de la nature les distrait, et fait diversion à leurs idées extravagantes; elles paroissent alors devenir moins fougueuses, et acquérir plus de suite, plus de liaison; et on y apperçoit moins d'incohérence; mais il est d'expérience que ce calme momentané cesse lorsqu'on les fait rentrer, avec dureté, dans leurs réduits; cet état de tranquillité disparoît, la confusion dans les idées recommence, et les fureurs, devenues plus violentes, feroient abandonner pour toujours cette pratique, si l'expérience ne prouvoit aussi que cette renaissance de maux est également momentanée; cependant il est vraisemblable qu'en s'ôpiniâtrant, pour ainsi dire, à les sortir plusieurs fois de suite, ils s'accoutumeroient, peu à peu, à cette espèce de périodicité de démence et de raison; l'état de violence diminueroit peut-être insensiblement, au point de montrer autant de tranquillité, quand ils rentreroient dans leurs loges, qu'ils témoignent de contentement lorsqu'on les en sort.

Je pense donc qu'on doit les tenir fermés le moins que faire se peut. Sans doute la chose paroîtra difficile, au premier

premier coup d'œil; on pourra même la juger impraticable; mais, que ne doit-on pas tenter pour guérir cette maladie, puisque la plupart des moyens qu'on emploie, sont, le plus communément, reconnus être insuffisans? Et quand, par cette méthode, on ne parviendroit à débarrasser qu'un seul des malheureux qui en sont atteints, croiroit-on ne pas avoir beaucoup fait; et celui qui auroit rendu cet infortuné à sa raison, à ses parens, à la société, ne mériteroit-il pas, à juste titre, une couronne civique? D'ailleurs, ce moyen n'est pas d'une exécution si difficile qu'on l'imagineroit d'abord; il suffiroit seulement d'avoir des gens doux, humains, complaisans, qui les sortiroient de leurs cachots, et en feroient même sortir ceux qui souvent s'y refusent, soit par paresse, soit par la nature de leur folie; ils les laisseroient en liberté dans un lieu vaste, en plein air, mais clos de murs assez élevés pour empêcher leur évasion : là, ces préposés, en les gardant à vue, leur permettroient de faire tout ce qu'ils voudroient, s'entretiendroient avec eux, et veilleroient seulement à ce qu'ils ne pussent attenter ni à leur vie, ni à celle d'autrui. On les abandonneroit ainsi à leur volonté pendant deux heures, dans l'intervalle d'un repas à l'autre, et on ne les feroit rentrer que pour les prendre. Cette promenade devroit d'abord se faire chaque jour une fois, et même deux fois, lorsque le temps le permettroit, et d'après l'avis du médecin, qui, selon les résultats, en détermineroit la nécessité. Mais, on ne sauroit assez le répéter, il ne faudroit employer que des personnes douées de la plus grande douceur, cependant fortes et robustes, afin de se garantir de leur malice, de leurs ruses et de leurs violences : elles ne devroient jamais user envers eux du plus petit maltraitement, sans quoi on perdroit, dans un instant, tout le fruit qu'on auroit pu recueillir par les épreuves réitérées de cette pratique bienfaisante: les fous, d'ailleurs, faciles à prendre des travers, contracteroient, à coup sûr, de la haine contre les surveillans, et verroient, sans doute, de très-mauvais œil ceux qui les auroient une fois maltraités. Je suis intimément persuadé que ce moyen est peut-être le seul qui soit propre à ramener leur raison égarée; au moins il les soulagera certainement; et s'il ne remplissoit pas le but qu'on a lieu d'en attendre, je suis très-assuré qu'il ne leur sera aucunement nuisible et n'aggravera pas leur état. Au reste, comme on a observé que le changement d'air et de climat, est si favorable aux personnes attaquées de démence; le passage de leurs cachots à un clos ouvert et spacieux, est très-propre à leur procurer un effet à peu près pareil, et peut-être encore plus sensible; là, les insensés pourront aller, venir, se mouvoir et se promener tout à leur aise; l'agitation même, qui est l'effet de certaine espèce de folie, peut tenir lieu à ces individus, sans qu'ils s'en doutent, d'un exercice qui ne sauroit que leur être très-salutaire.

Je viens de proposer, sur un point du traitement de la folie, des idées qui paroîtront peut-être un paradoxe à plusieurs de mes lecteurs; mais, lorsque l'expérience du succès vient à l'appui d'une méthode qui s'écarte des routines ordinaires, qu'importe qu'elle soit paradoxale ou non?

Personne n'ignore l'influence que la musique exerce sur nous, combien elle contribue à dissiper l'ennui, à chasser les affections les plus sombres de l'ame, à adoucir les mœurs et à exciter dans nos cœurs des mouvemens qui se font appercevoir dans toute l'habitude du corps. *Chiron*, cet habile médecin, surnommé le *Centaure*, n'employa pas d'autre moyen que la musique pour fléchir le naturel féroce d'Achille son élève; et la fureur de Saül s'appaisoit par les sons harmonieux de la harpe que touchoit David.

Les anciens, à qui rien n'étoit échappé, regardoient la musique comme un secours si salutaire à l'économie animale, que, dans leurs allégories, le dieu de la musique étoit honoré aussi, comme dieu de la médecine. Ne pourroit-on donc pas l'employer aussi comme un moyen auxiliaire au soulagement des fous? On a quelquefois remarqué que si, par hasard, ils entendoient des chants, ou le son des instrumens de musique, leurs sens en étoient tellement affectés, que leurs fureurs cessoient, et qu'ils revenoient insensiblement à un état de calme et d'hilarité au-dessus de toute espérance. Quel inconvénient y auroit-il donc de procurer, de temps en temps, ce secours, au moins à ceux qui sont furieux, ou à ceux qui paroîtroient y prendre plaisir.

Les fous, les vaporeux, les hypocondriaques, n'ont point, dans l'ensemble de leurs facultés physiques et intellectuelles, cette proportion qu'on appelle *rhythme* en musique. Toutes leurs fonctions, tous leurs mouvemens sont inégaux, irréguliers, brusques et imparfaits; de là, ce mal-aise et cette discordance des organes, qui n'envoyent à l'ame que des impressions désagréables, et produisent l'incônstance, la mauvaise humeur, la bizarrerie et l'aliénation de leur esprit. La musique, par le mouvement réglé qu'elle imprime aux fibres, qui, resonnant en mesure, se fixent enfin et contractent l'habitude d'une action plus régulière, peut, par cette raison, procurer quelque soulagement aux uns et aux autres (1).

(1) Voyez le traité des effets de la musique

OBSERVATION.

Mr *Bablot*, médecin à Châlons-sur-Marne, dit avoir fait revenir d'un violent accès de folie, un malade que les bras de cinq à six hommes vigoureux pouvoient à peine contenir. Ce médecin savoit, par les liaisons particulières qu'il avoit eues avec ce malade pendant long-temps, qu'il aimoit à chanter et à entendre chanter; il fit venir des musiciens qui, pendant près d'une heure, exécutèrent sur le violon quelques-uns des airs qu'il savoit lui plaire : le malade prêta toute son attention tant que dura cette douce harmonie, et marioit même sa voix au son des instrumens; une douce sérénité se peignit par degrés sur son visage, et prit la place des convul-

---

sur le corps humain, par Joseph-Louis *Roger*, médecin de l'université de Montpellier, traduit du latin et augmenté de notes, par Etienne *S.te Marie*, membre de la société médicale de la même ville.

sions dont tous ses muscles étoient agités. Ce malheureux, après l'épreuve de ce moyen, qui, depuis huit jours, avoit été entièrement privé de l'usage de sa raison, demanda son épouse, et eut avec elle, en présence du médecin, une conversation suivie sur l'état actuel de ses affaires domestiques (1).

De mauvais plaisans ne manqueront pas, sans doute, de tourner en ridicule ce nouveau remède contre la folie, et le projet de l'établissement d'une salle de concert dans un hôpital de fous. Mais, je le répète, que peuvent des plaisanteries contre le désir et la satisfaction de soustraire un homme à cette affligeante maladie, et sur-tout celle de découvrir un moyen qui guériroit, sans doute, celui qui a la folie d'en rire?

On doit cependant avouer que,

(1) Dissertation sur le pouvoir de l'imagination des femmes enceintes.

dans le traitement de la folie, il se présente une difficulté assez embarrassante, et contre laquelle la pratique de la médecine offre très-peu de moyens efficaces; c'est celle de faire prendre les remèdes au plus grand nombre de ceux qui sont atteints de cette maladie. Il sembleroit d'abord que l'on peut ou que l'on doit employer la force; mais je ne serai jamais de cet avis, parce que la violence révolte le malade; la colère et la fureur s'emparent aussitôt de lui; il se défend vigoureusement contre les satellites qui veulent le forcer; et si on veut même tenter, par quelques moyens, d'empêcher toute espèce de mouvement de ses bras et de ses jambes, il serrera alors si fortement les mâchoires, et fermera tellement la bouche, qu'il faudra user d'une nouvelle violence pour la lui ouvrir; et encore ne parviendra-t-on jamais à lui faire user que très-imparfaitement d'un remède liquide, bien moins encore de celui qui seroit sous forme solide: s'il s'agissoit d'un émétique, comment s'y prendre pour lui faire avaler des verrées successives d'un liquide quelconque afin d'en aider l'effet. On voit donc clairement, d'après ces inconvéniens, qu'il sera presque impossible de faire prendre un purgatif, un vomitif, ou tout autre remède à celui qui est en démence, lorsqu'il s'y refusera; et l'embarras ne sera certainement pas moindre, s'il faut lui donner des lavemens.

Enfin, je crois qu'on doit d'autant moins employer la violence dans ces cas, que j'en ai été quelquefois le témoin oculaire, malgré moi, et que j'ai acquis la certitude et l'expérience de l'impossibilité de sa réussite. D'ailleurs, je suis en outre persuadé que ce moyen, dans le traitement de la folie, est, peut-être, de tous, le plus contraire, parce que les remèdes administrés ainsi, n'opèrent aucun bon effet, ou ne l'opèrent qu'à demi; mais, à coup sûr, ils augmentent toujours le mal à un degré considérable.

Sans doute celui qui compose un traité de médecine sur une maladie quelconque, ne manque pas d'en tracer un bon traitement, d'en diriger méthodiquement la conduite, et d'indiquer les remèdes les plus accrédités. Rien, en effet, n'est plus facile que de traiter les malades dans le cabinet; l'auteur, théorisant tout à son aise, fait disparoître, dans son traité, toutes les maladies; aucune ne lui résiste, et aucun malade ne lui échappe; mais la scène change bien de face, lorsqu'on est au chevet du malade, ou lorsqu'il s'agit de traiter des fous dans les cachots; c'est alors que le médecin praticien, le clinicien, ne pouvant réussir à guérir d'après ces belles dissertations, est contraint de tirer ses ressources curatives, de son expérience et de ses observations, étayées sur de bons principes, et de négliger alors les futilités et le verbiage où s'est complu l'homme de l'art, dans son ouvrage sur une science tout à la fois la plus difficile et la plus importante, puisque souvent la moindre bévue est suivie de la perte de la vie. *Ars longa, vita brevis, judicium difficile*, a dit le prince de la médecine.

Le régime de vivre, chez les fous, est un point fort essentiel dans leur traitement; la plus petite erreur commise dans cette partie, devient d'une très-grande conséquence (et il faut avoir le courage de dire qu'il doit s'en commettre beaucoup dans les hôpitaux destinés à ces malades); leur indocilité fréquente, à la vérité, et difficile quelquefois à surmonter, pour prendre, sur-tout aux heures désignées, la nourriture qu'on leur porte, ramène souvent, et même quelquefois subitement, tous leurs symptômes, au moment où les malades sembloient être le plus tranquilles. Les alimens grossiers et de difficile digestion, ceux dont il ne peut résulter qu'un chyle épais et visqueux, ne leur conviennent point, et la continuité de leur usage augmente, à la longue, sensiblement leur état. Les végétaux bien choisis et un peu mieux apprêtés qu'ils ne le sont communément dans ces sortes de maisons, seroient ceux qu'on devroit choisir de préférence; ils sont plus propres à calmer la fougue des humeurs, et, n'étant pas aussi nourrissans que les substances animales, ils peuvent, par là, prévenir l'engorgement des vaisseaux sanguins et lymphatiques dans les différens viscères du corps, et surtout dans le cerveau. Quoiqu'il soit certain que les fous maigrissent d'abord beaucoup dans les premiers mois de leur maladie, et après avoir resté enfermés pendant quelque temps, soit à raison des remèdes évacuans, si on peut parvenir à les leur faire prendre, et même quoiqu'on ne leur en prescrive aucun, soit peut-être encore que cet effet provienne d'un retour de sensibilité sur leur captivité; j'ai cependant remarqué qu'au bout d'un certain temps, ils prenoient de l'embonpoint, le coloris de leur teint devenoit meilleur, et on est tout étonné de voir qu'ils ont un air de santé que l'on n'auroit pas osé présumer, d'après la connoissance de leur maladie et du régime qu'on les force d'observer.

Il me paroît que les fous ne devroient faire que trois repas dans le jour, et qu'il faudroit même ne les distribuer qu'à des intervalles assez éloignés entr'eux, afin que la digestion d'un repas ne fût pas troublée par celui qui doit succéder. La déperdition en général n'est pas bien considérable chez eux; le défaut de mouvement et le tissu de leur peau, presque toujours sec et aride, sont des causes évidentes de la grande diminution de leur transpiration insensible; leur état, par conséquent, exige une réparation moins abondante. Cependant une diète trop sévère leur seroit nuisible; l'expérience a prouvé que les longs jeûnes affoiblissoient les forces digestives, empêchoient de dormir, troubloient la raison, et avoient souvent, eux seuls, causé la folie. Que, si on vouloit absolument leur faire faire quatre repas dans le jour, alors on pourroit leur donner du fruit dans l'intervalle du dîner au souper : tous les fous l'aiment avec passion, et tous le mangent avec une espèce de voracité; il semble que le désir ardent qu'ils en ont, leur est suggéré par les effets bienfaisans que la nature a attachés à son action rafraîchissante.

Quant à la boisson des fous, tout paroît indiquer que celle du vin pur devroit leur être absolument interdite, de même que celle des liqueurs spiritueuses; et, quoiqu'on ait remarqué qu'ils sont ordinairement passionnés pour l'un et pour l'autre, il seroit superflu de s'épuiser en raisons pour faire sentir combien cet usage leur deviendroit nuisible, sur-tout à ceux qui sont furieux. L'usage de l'eau pure ou de l'hydromel seroit, sans doute, la boisson la mieux appropriée à leur état, d'autant plus que j'ai observé qu'ils sont tous, en général, tourmentés par une soif ardente. Il ne m'est presque jamais arrivé d'avoir fait la visite de ces malades, sans que le plus grand nombre ne m'ait demandé avec instance de l'eau à boire; je leur en faisois donner chaque fois, et j'ai eu lieu de remarquer souvent l'avidité avec laquelle ils la buvoient; et, quoique la quantité en étoit considérable, ils se plaignoient toujours de n'en pas avoir assez; souvent même j'ai été obligé de leur ôter le vase des mains, de peur de les voir suffoquer. Cependant

dant

dant on pourroit leur permettre un tiers de vin sur deux tiers d'eau, pour boisson ordinaire dans leurs repas, tant à cause des forces et des digestions qu'il convient de maintenir, que pour accorder aussi quelque chose à l'habitude et au goût qu'ils démontrent avoir pour cet excellent cordial.

Quoique l'expérience et le raisonnement semblent indiquer que le vin en général ne convienne pas aux fous, cependant l'une et l'autre prouvent souvent que son usage est très-salutaire à ceux qui, par la suite, sont tombés dans l'imbécillité, ainsi qu'à ceux qui sont profondément mélancoliques, ou qui ont une folie triste et languissante. Le défaut de ton dans tous les solides, et la lenteur dans laquelle croupissent les liquides chez ces individus, ont besoin d'un *stimulus* qui réveille les uns et donne du mouvement aux autres. Et quoi de plus propre pour remplir ces deux buts, que cette liqueur, tout à la fois énergique et restaurante, seule capable de porter une hilarité bienfaisante et nécessaire dans l'ame de ces sortes d'insensés.

Au reste, c'est à la prudence du médecin qui les soigne, à varier et à déterminer ce qu'il faut permettre aux uns et défendre aux autres; des règles générales sur cet objet seroient ridicules et peut-être impraticables. Tant de cas différens, tant de diverses circonstances contrarient si souvent le praticien, dans cette partie de l'art de guérir, qu'il est impossible d'en statuer aucune qui pût satisfaire à tout.

Ce seroit sans doute ici le lieu de dire qu'il conviendroit que tous les hôpitaux, et plus encore ceux destinés aux fous, fussent toujours, autant que cela se pourroit, situés hors de l'enceinte des villes; de manière qu'on pût s'y procurer et joindre au corps du bâtiment un espace vaste et entouré de murs, dans lequel on les feroit sortir et promener, comme je l'ai indiqué ci-devant. L'air que respireroient les aliénés, dans un hôpital dont la situation et l'emplacement auroient cette distribution, seroit bien plus salubre ; on y ajouteroit plus aisément tout ce qui seroit nécessaire au service de ces malades ; et, ce qui n'est pas moins essentiel, on pourroit, au moyen d'un grand emplacement, corriger la construction vicieuse de la plupart des loges où ils sont renfermés ; car souvent ces réduits font reculer d'horreur l'homme le plus humain et le plus courageux, par la fétidité de l'air et la mal-propreté dans laquelle on les laisse souvent croupir. Tous ces différens objets forment, sans doute, une partie du traitement de cette maladie; ils y sont nécessairement liés; et, comme, bien souvent, il n'est pas possible d'en établir un meilleur, d'après les méthodes ordinaires, il convient au moins d'employer celui-là, comme une espèce de secours qui, sans les tourmenter, et même sans qu'ils s'en doutent, auroit, sans contredit, une benigne influence sur leur vie, s'il ne les guérissoit pas complètement.

Il paroîtroit convenable que les ingénieurs de ces sortes d'édifices prissent l'avis des médecins, pour déterminer l'emplacement des cachots, tant à l'égard de leur exposition à l'un plutôt qu'à l'autre des quatre points cardinaux, que pour y pratiquer quelques aisances relatives à leur état. La salubrité de ces cases est souvent sacrifiée à des circonstances et à des égards auxquels il seroit inhumain de tenir, sur-tout si l'architecte, voulant briller dans son art, faisoit plus pour sa réputation, que pour le vrai but de ces sortes d'établissemens, et pour le bien-être des malheureux qui doivent les habiter. On les rélègue ordinairement dans un coin du bâtiment, parce qu'on les considère, généralement, comme des rebuts de la société, ou comme absolument perdus pour elle; cependant il est certain que plus leur état est digne de compassion, plus on doit aussi chercher à l'adoucir: il ne leur faudroit pas, à la vérité, des palais, mais il leur faut nécessairement une habitation qui soit au moins bien aérée, à l'abri sur-tout du froid et de l'humidité, et dont il soit aisé d'écarter les mauvaises odeurs, autant qu'il est possible. Il me semble que si les cachots qu'on leur destine, étoient voûtés, et reposoient sur des arcades assez élevées, alors ils seroient construits de la manière la plus salubre et en même temps la plus sûre pour parer à leur fuite; et quand même ils parviendroient à en percer les voûtes, leur élévation deviendroit toujours un obstacle qui s'opposeroit peut-être à leur évasion, par la crainte qu'ils auroient de se tuer.

OBSERVATION.

Une fille âgée d'environ 28 à 30 ans, d'un tempérament délicat et nerveux, d'une nature frêle, et chez qui le système musculeux paroissoit maigre et peu exprimé, tomba en démence par de fausses idées sur la religion, qui la jetèrent dans une telle superstition, qu'elle craignoit à chaque instant de devenir la proie de satan ; elle ne vouloit ni boire ni manger ; elle s'obstinoit à ne voir, à ne fréquenter personne, et restoit constamment dans sa chambre, où elle se livroit à des pratiques de dévotion absolument ridicules, et qui n'indiquoient que trop à quel point son esprit étoit aliéné. On employa les prêtres qui tâchèrent d'abord de la ramener par des discours consolans et en même temps rassurans contre ses craintes; on essaya ensuite quelques remèdes; mais tous les moyens devinrent absolument inutiles; on fut obligé de la fermer. Au bout de quelque temps, elle tenta de sortir de son cachot; elle y parvint en détachant du mur, sans autres secours que ses seuls ongles, une pierre de taille de deux pieds en toute dimension, dans l'intervalle d'un repas à l'autre; mais la pauvre malheureuse ne se doutoit pas qu'en faisant cette ouverture avec tant de peine et des moyens si foibles, elle entroit dans un autre cachot où elle se trouveroit encore captive. Lorsque l'infirmier vint lui apporter son souper, ne la voyant point dans son réduit, il crut d'abord qu'elle s'étoit évadée; mais, ayant découvert une large brêche qui conduisoit dans un cachot voisin, il passa au travers, et trouva la folle tapie dans un coin, qui se mit à rire aux éclats, sans doute, du tour qu'elle croyoit avoir joué au domestique, rentra tranquillement, sans la plus petite résistance et toujours en riant, dans sa première demeure.

Cette observation sert à prouver les soins que l'on doit apporter à la sûreté des asiles destinés aux fous, à démontrer leur force et leur constance, et à présenter ici, tout à la fois, un phénomène singulier, celui de toute la présence d'esprit possible, du retour de la raison, et d'une industrie inconcevable dans un individu foible, délicat, et sans d'autres outils que ses frêles doigts, pour arracher d'un mur une masse aussi considérable.

Quoique la plupart des fous vivent et se plaisent dans une mal-propreté affreuse, qu'elle soit un symptôme particulier et souvent du plus mauvais augure dans cette maladie, il seroit par conséquent très-nécessaire de pratiquer des lieux d'aisance dans leurs loges; et quand même il pourroit arriver qu'elles devinssent inutiles à quelques-uns, puisqu'il y en a plusieurs qui ne se servent, ou ne veulent pas même se servir des vases qu'on leur donne pour rendre leurs excrémens; il est bien possible qu'en les leur indiquant, ou les engageant d'y aller, ou que peut-être aussi la seule vue des latrines les détermineroit ou leur en feroit insensiblement contracter l'habitude pour toujours, d'autant plus aisément, qu'il est d'expérience qu'un objet nouveau, qui vient à frapper leurs sens, les décide souvent pour telle action plutôt que pour telle autre. Il est honteux d'être obligé d'avouer qu'en général l'architecture s'est trop peu occupée des hôpitaux qui sont destinés aux fous. C'est un crime de lèse-humanité dont je rougis pour les personnes de l'art : sans doute ils n'ont jamais eu le courage d'en faire sentir la bienfaisante nécessité, et je veux bien croire que le préjugé sur leur incurabilité a peut-être été la cause de cette cruelle insouciance, et a beaucoup influé sur l'espèce d'abandon auquel sont réduits ces êtres privés de la raison, tandis que, dans ces derniers temps et dans plusieurs pays, on a humainement pourvu au mieux-être, à la sûreté, à la salubrité des malfaiteurs et des criminels renfermés dans les prisons. A Dieu ne plaise que je veuille, par là, reprocher cette préférence aux nations dont les soins vigilans et charitables se sont étendus sur cette classe d'infortunés! Ils méritent, sans contredit aussi, à titre d'hommes, et d'hommes sur-tout égarés par les passions et les vices, l'attention la plus compatissante de la part des gouvernemens; mais il sembleroit au moins que les fous, en quelque façon, plus à plaindre que les criminels, seroient aussi dans le cas d'exiger des attentions plus recherchées: les lois, en jugeant ces derniers, ou leur rendent la liberté et la vie, ou, s'ils sont trouvés coupables, elles leur ôtent alors l'une et l'autre, avec le glaive de la justice, et les délivrent ainsi de tous maux; au lieu que la médecine, ne pouvant, le plus souvent, donner aux insensés ni la liberté ni la guérison, ils sont presque condamnés pour toujours à trainer une vie des plus malheureuses.

D'après ces réflexions, ne doit-on pas être étonné que ce sensible et généreux Anglais, *John HoWard*, qui est entré dans tous les hôpitaux, qui a visité presque toutes les prisons de l'Europe, qui a publié ce qu'il en a trouvé de bon et de mauvais, qui a montré des intentions si louables, et communiqué des idées si justes, relativement à cet objet, dans son ouvrage intéressant; ne doit-on pas être étonné, dis-je, qu'il n'ait cependant rien dit sur les maisons établies pour les fous? Ah! ce n'est, sans doute, qu'un oubli de la part de cet ami tendre et bienfaisant de l'humanité. On ne peut pas, sans lui faire tort, présumer qu'un homme, dont la loyauté est si bien peinte dans son écrit, eût négligé de proposer aussi ses vues sur les établissemens pour les fous; certainement il s'en seroit occupé, si la mort, qui auroit encore dû respecter ses jours pendant quelque temps, n'en eût tranché le fil trop tôt.

L'électricité, qui a peut-être été appliquée à la médecine, avec quelque succès, dans certaines maladies, seroit peut-être aussi un moyen à tenter dans le traitement de la folie; je ne sache pas même et je n'ai lu nulle part qu'on l'ait jamais mise en pratique chez les fous. M.r *Mauduit*, docteur-régent de la faculté de médecine de Paris, qui a soumis beaucoup de malades au traitement électrique, qui a tenu et donné des registres forts exacts de tous ses résultats, ne cite pas une seule expérience faite sur des insensés. Il ne paroît pas non plus que les Anglais, qui se sont servi de l'électricité contre différentes maladies, beaucoup plus heureusement que les autres nations, d'après le rapport qu'a fait m.r *Mauduit* de leurs ouvrages et des guérisons qu'ils ont opérées, il ne paroit pas, dis-je, qu'ils aient employé ce moyen chez aucun malade atteint de folie. Ce seroit cependant un essai à faire dans une maladie où l'on réussit si rarement par les secours mis en usage jusqu'à-présent. Que risqueroit-on de tenter ces expériences? on n'exposeroit pas les aliénés à un plus grand danger que les malades à qui on administre, pour la première fois, un remède nouveau, non encore étayé d'aucune observation. *Melius est anceps experiri remedium quàm nullum.* Il seroit cruel, j'en conviens, d'exposer un malade à un genre de remède qui pourroit augmenter son mal; il semble même que l'humanité devroit se refuser à ces sortes d'essais; mais, si on fait attention que la médecine n'a pu faire et ne fait effectivement des progrès que d'après des expériences répétées, on ne sera plus surpris si j'ose proposer de tenter l'électricité sur les fous. Au reste, lorsque, pour la première fois, on soumit à ce remède, des malades attaqués de différens maux, on n'étoit pas assuré s'ils en seroient soulagés, ou s'il s'ensuivroit une augmentation de ces mêmes maux, ou si, enfin, ce secours, ne produisant ni bien ni mal, ainsi que cela est arrivé dans plusieurs cas, devroit être mis au nombre des remèdes indifférens pour les aliénés.

Outre beaucoup de maladies contre lesquelles on a employé l'électricité, elle l'a sur-tout été sur des personnes attaquées de maux de nerfs et de convulsions: on y a même exposé des épileptiques; et sans doute, s'il y avoit lieu de présumer que l'électricité, d'après la connoissance de ses effets et la nature de ces maux, ne dût pas convenir, c'étoit certainement dans ceux-là; cependant il existe des cas d'épilepsie, de maux de nerfs et de convulsions, qui ont été, à ce qu'on prétend, soulagés et même guéris par son moyen. Les fous sont, à la vérité, des malades, sur-tout les furieux et les méchans, dont il seroit très-difficile de jouir, si on vouloit les soumettre au traitement électrique; j'avoue que le caractère de leur maladie seroit un grand obstacle pour les placer convenablement et les isoler; on seroit souvent obligé d'user de force et de rigueur; mais cette manière d'agir, étant toute contraire à mes principes, repugne, par une juste conséquence, à ma façon de penser; si cependant l'électricité devenoit jamais le spécifique de la folie, il faudroit bien passer outre, et se départir de ma méthode. Je ne suis pas, au reste, si attaché à mes idées, que je ne sois prêt à les abandonner promptement, lorsqu'on m'en propose de meilleures, et, principalement, lorsqu'il s'agiroit de guérir des êtres aussi infortunés que les fous.

On a dit que l'électricité a été quelquefois favorable à des malades chez qui, à la suite d'une attaque d'apoplexie ou de paralysie, il étoit succédé une espèce d'engourdissement ou de stupeur; ensorte que, si on vouloit suivre ici ce que paroît indiquer l'analogie, on pourroit y soumettre d'abord les fous qui ne sont que mélancoliques, ou qui, d'après une folie aiguë ou furieuse, sont tombés dans l'imbécillité et dans une sorte d'hébétude. La cause de ces différens états, qui paroît avoir son siége dans le cerveau, qui est peut-être la même, ou qui a peut-être produit le même effet, sembleroit demander alors le même remède. Qui sait si l'électricité, donnée d'abord par bain, ensuite par étincelles, et enfin par des commotions plus énergiques, ne

causeroit

causeroit pas à cet organe, une secousse capable de détruire l'obstacle qui tient la raison et les sens enchaînés? Pourquoi ce remède, répété à des intervalles désignés par le médecin observateur, et qu'il feroit exécuter sous ses yeux, ne rétabliroit-il pas, au bout d'un certain temps, le cours du fluide nerveux, dont la déviation entraîne peut-être celle du bon sens? Pourquoi enfin, ne tenteroit-on pas de les soumettre à l'électricité positive, ou à la négative, en observant celle des deux qui paroîtroit la plus convenable et la plus appropriée à cet état de véhémence et d'imagination exaltée? Sans doute il pourroit se faire qu'en soustrayant du corps de ces malades le feu électrique surabondant, et tâtonnant ainsi, pour ainsi dire, par des expériences réitérées, qui détermineroient la quantité qu'il conviendroit de leur en laisser, afin de rétablir l'équilibre, il pourroit, dis-je, arriver qu'on parviendroit à ramener, chez eux, les opérations de l'ame à leur juste proportion et à leur état naturel. Au reste, je ne propose ici que des conjectures; on doit les considérer comme jetées au hasard; il reste à les faire passer au creuset de l'expérience et de l'observation, seuls guides d'après lesquels on doive établir des faits certains; mais ces conjectures sont, au moins, de nature à engager les physiciens à voir et décider si on doit absolument les reléguer dans le pays des chimères, ou les placer dans la classe des probabilités, afin de fixer l'opinion de la médecine sur ce point de pratique.

Devroit-on tenter le galvanisme dans le traitement de la folie? je réponds à cette question, que, d'après les belles et ingénieuses observations du célèbre *Volta*, par lesquelles il a prouvé l'identité du fluide galvanique avec le fluide électrique, on ne doit pas mieux attendre du galvanisme que de l'électricité, dans son application à la guérison des différentes maladies du corps humain. Les amateurs de nouveautés, ceux qui sont faciles à s'enthousiasmer de tout, saisissant d'abord ce moyen, ont aussitôt cru que le fluide galvanique alloit devenir une ancre assurée sur laquelle on pourroit compter, pour la délivrance de plusieurs de nos maux physiques; mais, malheureusement, après différentes tentatives, le succès n'ayant pas répondu à l'espoir flatteur qu'on en attendoit, il y a tout lieu de craindre que le fluide galvanique, ainsi que l'électrique, ne soient contraints, jusqu'à des découvertes plus heureuses, d'abandonner le champ de la médecine thérapeutique, pour rentrer, tout simplement, dans les cabinets de physique.

Tel est, à peu près, tout le traitement que l'on peut, à mon avis, employer contre cette cruelle maladie appelée *folie* : parmi toutes les différentes parties de ce traitement, je le répète, le régime de vivre (il faut entendre, par ce mot, tout ce qu'il peut désigner en tout sens), est une des plus essentielles; l'expérience et l'observation prouvent, chaque jour, quel pouvoir il a sur l'esprit et le corps, surtout lorsqu'il n'est pas accompagné de ce fatras de remèdes que je crois contraire à la guérison; ce régime aura d'autant plus d'efficacité, que la philosophie, cette sœur de la médecine, sera toujours la principale boussole du médecin qui se chargera de donner ses soins à ceux qui sont atteints de cette maladie.

On pourroit, sans doute, me taxer d'inexactitude, ou, tout au moins, d'omission, si, dans le traitement des insensés, je ne parlois d'un des puissans secours que nous prépare et nous offre la nature contre plusieurs maladies, et qui ne paroît pas avoir été tenté contre la folie; je veux dire les eaux minérales chaudes ou froides. Le département du Mont-Blanc, plus heureux, sous ce point de vue, que bien d'autres, présente plusieurs sources des unes et des autres, qui, plus ou moins anciennement connues, sont aussi plus ou moins célèbres par leurs vertus salutaires, par les guérisons qu'elles opèrent chaque année, et que l'on ne sauroit contester, sur-tout aux eaux thermales d'Aix, et aux eaux martiales froides d'Amphion.

Il ne seroit pas hors de toute probabilité que les eaux thermales convinssent dans certaines folies, sur-tout à celles que l'on pourroit particulièrement appeler froides; telles sont la mélancolie, l'hébétude, l'imbécillité, celles qui sont accompagnées d'une taciturnité constante et opiniâtre, et enfin celles où le principe vital paroît engourdi, ou enchaîné par une cause quelconque. La chaleur de ces eaux, les principes minéraux qu'elles contiennent, seroient un stimulus propre à le dégager et à lui rendre son activité. On pourroit, chez les fous de cette nature, employer ces eaux en bains, en boisson et en douches : j'aurois même plus de confiance en ce moyen, qu'en celui de l'électricité, dans des cas semblables.

Mais ce même moyen ne paroîtroit pas convenir, et pourroit même être dangéreux chez les maniaques et, en général, chez tous les insensés furieux; chez ceux qui n'ont aucun repos, qui parlent et s'agitent sans cesse, qui sont dans la vigueur de l'âge, et sur-tout chez les aliénés dont la maladie reconnoît pour cause quelque passion fougueuse. Par la même raison que je crois l'électricité contraire à ces sortes de fous; je pense que la douche le seroit aussi. Mais on pourroit, à ceux-ci, leur faire user des eaux martiales froides; si cependant il étoit possible, sans leur faire beaucoup de violence, de vaincre la résistance qu'ils opposent toujours à tout.

Il seroit à souhaiter que, prenant ces objets en considération, on pût concerter des moyens pour envoyer, chaque année, aux eaux d'Aix, un certain nombre d'aliénés que désigneroit le médecin de l'hôpital. On tenteroit, sur ce point de l'art de guérir, des expériences qui pourroient avoir quelques succès, et qui, tout au moins, vaudroient bien celles que l'on a tentées par l'électricité, et sur-tout par le galvanisme, dont les amateurs de remèdes nouveaux ont fait, pour ainsi dire, une panacée universelle, et dont ils espéroient la guérison de toutes les maladies; mais qui, malheureusement, ont été trompés dans leurs espérances; puisque, jusqu'à-présent, l'électricité et le galvanisme ont été, à peu près, sans effets curatifs.

On ne sera pas, non plus, surpris si, dans l'énumération que je viens de faire des eaux minérales, comme propres à guérir la folie, j'ai passé sous silence celles de la Boisse; mon opinion sur ce point est, depuis long-temps, assez prononcée, et la constance de leur absolue nullité, considérée comme remède, m'y affermit toujours de plus en plus. Il n'y a, dans cet affermissement, aucuns motifs de prévention ni d'entêtement (car l'homme entêté est celui qui se refuse obstinément à la vérité quand on la lui montre); il n'y a d'autres motifs que ceux d'honnêteté et de franchise : d'honnêteté, parce qu'un médecin ne doit jamais conseiller un remède qui, bien loin d'avoir des vertus bienfaisantes, en a, ou de toutes contraires, ou dont l'effet est parfaitement nul. C'est un fait, que, depuis la découverte de ces fameuses eaux, j'ai observé, dans le cours de ma pratique, un plus grand nombre d'asthmatiques, et beaucoup plus de malades péris d'hydropisie de poitrine, qu'avant qu'elles fussent connues. Il paroît que leur effet délétère se porte particulièrement sur les organes de la respiration.

Le motif de franchise prend sa source dans ce que, malgré tous les analyseurs et tous les prôneurs de ces eaux, elles n'ont jamais guéri une maladie bien constatée, c'est-à-dire, une lésion, une altération, même la plus légère, de quelques-uns des viscères du corps humain. Aussi, lorsque dans le commencement on calculoit des spéculations lucratives sur ces eaux, à peu-près comme les négocians en font sur une branche quelconque de commerce, disois-je que toutes les dépenses que l'on faisoit pour leur établissement et leur achalandise, seroient en pure perte, et que le temps seul me vengeroit : ma prédiction, hélas! n'a été, malheureusement, que trop vraie pour ceux qui, très-confians aux vanteries de leurs esculapes, en ont été les victimes ; car il faut encore avoir la courageuse franchise de le dire, de tous ceux qui, dans la belle saison, vont boire ces eaux, les uns n'y vont que pour la promenade ou par désœuvrement; les autres, pour voir ou être vus de la société qui s'y rassemble; chacun, à coup sûr, s'en trouve bien, parce que nul d'entre la plupart des buveurs n'est malade; ensorte que la promenade aux uns, le lever de bon matin aux autres, la gaieté à tous, font tout le grimoire de ces eaux. D'ailleurs, le temps, le meilleur de tous les juges, parce qu'il juge lentement, les a déjà jugées assez équitablement.

Je me garderois donc bien de prescrire de telles eaux à personne, moins encore à mes fous; je craindrois trop de précipiter leurs jours; je donnerois, sans doute plus volontiers, comme je le disois jadis (1), le conseil

(1) Voyez mon analyse sur les eaux pretendues ferrugineuses de la Boisse. 1777, in 8.°, Chambéry, chez Lullin, imprimeur.

d'aller boire celles de la fontaine de S.t Martin. L'exercice, pour y arriver, seroit, à la vérité, plus pénible, mais il seroit bien plus efficace; et l'air pur et salubre dont on y jouiroit, vaudroit bien l'air humide et marécageux de la Boisse. L'expérience raisonnée a toujours été et devra toujours être la seule, la vraie boussole en médecine.

J'avois déjà prouvé, par plusieurs observations, dans ma *Traduction de l'Essai météorologique de l'Abbé Toaldo, imprimée en 1784*, combien la lune avoit d'influence sur un grand nombre des maladies du corps humain; le système de ce célèbre observateur, qui, en général, ne paroît aujourd'hui plus douteux, est appuyé sur une si grande multitude de remarques physiques et astronomiques, que, s'il n'est pas la vérité même, il en approche du moins de si près, qu'il peut servir de base et de principe à ceux qui voudront s'adonner à l'étude de la météorologie, et en faire une application utile à la science de la médecine. Or, si la lune influe sur les différentes maladies qui nous attaquent, pourquoi la folie ne seroit-elle pas aussi du nombre de celles sur lesquelles cette planète exerceroit son influence ?

Cette question, dont la résolution tient plus qu'on ne pense, au traitement de cette maladie, méritoit d'être examinée avec une attention singulière, et sur-tout avec l'esprit dépouillé de toute prévention. Des observations très-nombreuses, faites avec beaucoup d'exactitude, et répétées le plus souvent au temps précis, ou, tout au moins, dans le jour même de chacun des différens points lunaires, étoient les seuls et vrais moyens capables de résoudre ce problème médical.

Lorsque je commençai à donner mes soins aux insensés, et que je conçus le dessein d'observer si les différentes phases de la lune avoient ou n'avoient pas une influence sur les diverses espèces de folie; j'avois peu d'expérience sur le traitement de cette maladie. Je m'en tins, à peu près, à la méthode pratiquée par les médecins que j'avois suivis à l'hôtel-dieu de Paris : il y a sans doute de ma faute, si je n'ai pas obtenu de grands succès d'après cette méthode, qui, cependant, me parut, à la fin, être toujours la même pour tous les différens cas d'aliénation, et que les praticiens célèbres de cette maison étoient probablement forcés de mettre en usage, ne pouvant faire mieux, à cause des entraves sans nombre qui s'opposoient au développement de leurs talens et à l'exécution des moyens qu'ils pouvoient leur suggérer. Je compris donc alors que la marche, dans le traitement de la folie, devoit avoir une grande analogie (1) avec celle qu'on a adoptée dans l'étude de l'histoire naturelle ; et que c'etoit dans les hôpitaux seuls, où l'on pouvoit

---

(1) Voyez le n.° XV, sect. I.re, pag. 43 du traité du docteur *Pinel*.

observer les différens traits sous lesquels se présente cette maladie; décrire son histoire; régler une méthode thérapeutique, qui ne peut être la même pour toutes les espèces d'aliénations; se défier de tous les préjugés relatifs aux divers genres de folie; adapter un traitement moral à tous; observer surtout avec exactitude les différens états de leurs fonctions intellectuelles, à chaque phase de la lune; et enfin établir positivement quelle est l'influence de cette planète sur eux, selon ses différens aspects. Il faut l'avouer, la carrière que doit courir le médecin, dans la guérison de cette maladie, est pénible et difficile, *ars longa, vita brevis, judicium difficile*; et je n'oserois me flatter d'en avoir parcouru une bien grande étendue avec quelque fruit; mais, pour réussir, je ne saurois trop inviter à la lecture de l'ouvrage du docteur *Pinel*, sur cette matière, ceux qui voudront se destiner plus particulièrement à cette branche intéressante de la médecine ; ils doivent préalablement meubler leur esprit de plusieurs connoissances nécessaires, et disposer leur ame aux plus excellentes qualités morales.

J'ai dit, dans la première édition de cet ouvrage, qu'étant alors, depuis quatre années, médecin de l'hôpital des fous, et que, curieux de découvrir si, comme je le pensois, ils étoient aussi soumis à l'influence lunaire, je profitai, pour y parvenir, de toutes les ressources que m'offiroit le rassemblement de ces malheureux dans cet asile, dont le nombre total étoit d'environ quarante des deux sexes, en faisant choix de dix fous seulement, dont cinq furent pris parmi les hommes, et cinq parmi les femmes : le plus âgé des hommes avoit 60 ans, et la plus âgée des femmes, à peu près autant ; le plus jeune en avoit 30, et la plus jeune 32. Les espèces d'aliénation de ces dix fous, étoient distinctes; il n'y en avoit pas deux qui fussent identiques; toutes présentoient des variétés, soit par leurs idées dominantes, soit par les symptomes qui les accompagnoient; et j'avois fait ce choix à dessein. Tous étoient d'ailleurs de bonne santé, et les fonctions organiques, hormis les intellectuelles, paroissoient s'exécuter chez eux, suivant les lois de la nature. Je fis ensorte, autant qu'il me fut possible, de découvrir quelle étoit la cause de l'aliénation de chacun d'eux; mais cela ne fut pas également facile pour tous; cependant l'aliéné dont la folie étoit la plus récente, datoit au moins de 3 à 4 ans.

J'ai donc tenu un journal, depuis que je fus nommé médecin de cet hôpital, de toutes les visites faites à ces dix fous, avec la plus scrupuleuse exactitude, jusqu'à présent; je les ai vus assidument, sans aucune interruption, à chaque nouvelle lune, à

chaque

chaque premier quartier, à chaque pleine lune, et à chaque dernier quartier : jusqu'à la première édition de cet ouvrage, je m'en étois tenu à ces quatre époques lunaires, et j'avois négligé les observations des autres; mais depuis lors je les ai étendues aux apogées, aux périgées et aux lunistices (1), présumant avec juste raison, que ces différens points devoient également avoir leur influence particulière, d'autant plus puissante encore, lorsque des circonstances astronomiques feroient concourir dans le même jour, ou très-proche de ce jour, quelques-uns de ces derniers points avec l'une des quatre premières

---

(1) Le jour du lunistice est celui de la plus grande déclinaison de la lune, soit qu'elle se trouve dans l'hémisphère austral, soit dans l'hémisphère boréal; et la déclinaison de la lune est sa distance à l'équateur; ensorte que la déclinaison en astronomie est la même chose que la latitude en géographie.

époques lunaires. Il me paroissoit que, si je pouvois recueillir un assez bon nombre d'observations sur les points indiqués ci-dessus, elles deviendroient alors des données sûres, positives et assez suffisantes pour décider la question.

Mais, avant de passer outre, il est nécessaire que je donne ici un précis de mon journal, et de quelle manière se passoit le tems de mes visites.

J'entre, presque toujours, seul dans leur cachot, sans crainte; je leur fais ordinairement plusieurs questions : telle est d'abord celle de m'informer *comment ils se portent?*

Cette question paroît, en général, intéresser le plus grand nombre d'entr'eux, puisque la plupart y répondent avec justesse. (Tant l'amour de soi, celui de la vie, et le soin de l'existence semblent affecter tous les êtres); mais ce qu'il y a néanmoins de surprenant, c'est que les moins aliénés, et sur-tout les mélancoliques n'y répondent presque jamais, malgré la réitération fréquente de la demande.

2°. S'ils ont fait leurs repas; s'ils ont mangé, et dans ce cas, s'ils ont trouvé bons, les alimens donnés?

Sur ce point, j'ai observé qu'ils se plaignoient presque toujours, et ne disoient jamais vrai; puisque, suivant eux, la qualité des alimens étoit constamment trouvée mauvaise. Cependant, touché de leurs plaintes, et croyant de bonne foi, dans les commencemens, sur leur parole, j'inspectai plusieurs fois la cuisine, et je fus, dès lors, convaincu qu'elles étoient sans fondement. Je ne puis attribuer l'universalité de cette plainte, qu'à un vice de l'estomac, et sur-tout à la dépravation des sucs digestifs, dont est atteinte la majeure partie des aliénés. Leur langue toujours couverte d'un limon épais et de couleur verdâtre, est un indice certain que leurs digestions se font toujours mal.

3°. Je tâche toujours, chez les personnes du sexe, de m'informer avec exactitude de l'état de leurs règles; mais il m'arrivoit très-souvent de ne pouvoir obtenir aucuns renseignemens certains sur cette question, d'ailleurs très-essentielle : *uterus sexcentarum ærumnarum causa*, écrivoit *Democrite* à *Hyppocrate.* J'en ai vu quelques-unes qui étoient encore retenues, à ce qu'il sembloit, (quoique cela soit rare dans les folles), par un reste de pudeur, que n'avoit pas totalement détruite l'aliénation de leur esprit : d'autres, malgré mes instances, ne répondoient absolument rien; et le seul moyen qui me restoit alors pour m'en instruire, quoique encore très-difficile, étoit l'inspection de leurs linges, ou par moi-même, ou par information auprès de l'infirmière.

4°. *De demander à leur tâter le pouls;* ce à quoi je réussissois le plus communément, soit parce qu'ils me présentoient le bras de plein gré, soit en le prenant quelque fois moi-même, sans cependant leur faire aucune contrainte, lorsqu'ils tardoient ou paroissoient se refuser à cet examen. Je dois dire avec vérité, que dans cette circonstance critique, surtout dans certaines espèces de folie, aucun d'eux n'a jamais fait aucune violence, ne m'a dit aucune injure, ni tenté de me frapper.

5°. Enfin je terminois ma visite en tâchant de converser avec eux pendant quelque tems, afin de découvrir quel étoit l'état de leurs facultés intellectuelles, et de juger s'il étoit pire, ou meilleur que je ne l'avois trouvé à ma première visite, ou le même que dans mes visites subséquentes, en comparant l'état actuel avec le précédent, c'est-à-dire, avec celui du dernier point lunaire.

Dès que j'étois rentré chez moi,

j'annotois toujours sur mon journal, avec exactitude, le résultat de chaque visite; et c'est en comparant ces différentes visites, que je suis parvenu à découvrir, dans le nombre des points lunaires, ceux qui ont le plus d'influence sur l'aliénation de leur esprit. Mais il falloit bien se garder de contrarier leurs fantaisies, et d'irriter leurs idées, dans les jours les plus influens; il falloit au contraire condescendre alors, en quelque manière, à presque toutes leurs volontés, et déraisonner avec eux : c'étoit le seul moyen d'analyser strictement leur état intellectuel, et de porter du calme dans leur esprit ; aussi malgré tous les soins que je prenois ordinairement, de les traiter avec douceur, j'en redoublois encore plus particulièrement à ces époques.

Tels sont le plan et la composition de mon journal, dont la base est fondée sur plus de 800 visites qui sont tout autant d'observations exactes, souvent répétées, et sur lesquelles j'ai cru pouvoir établir mon opinion, assurer que certains points lunaires ont une influence marquée sur le cerveau des aliénés, et que, dans ces tems, on reconnoît, très-évidemment, un degré d'intensité dans leur folie, dans tous leurs propos, et dans toutes les idées disparates qui accompagnent cette maladie : et quelle force la vérité n'acquiert-elle pas de cette masse d'observations et de leur ensemble, sur-tout lorsqu'il n'en est aucune qui, étant considérée isolément, paroisse même avoir besoin des autres ? Les faits que j'allègue ici sont certains; les gens de l'art peuvent les observer et en constater la certitude chez les malades atteints de folie; mais il faut les suivre avec l'attention d'observateurs clair-voyans, zélés et sans prévention. Je crois même qu'il n'y auroit rien de certain en physique, si de semblables observations étoient regardées comme erronées, ou comme fausses, ou comme chimériques.

Quoique le grand nombre de mes observations sur les fous, relativement à l'influence lunaire, ait été fait sur le choix des dix individus qui ont formé la composition de mon journal, il ne faudroit pas cependant croire que le surplus des autres fous de l'hôpital n'eût pas été observé; ils étoient tous également soumis à mes recherches, de la même manière que ceux qui ont été l'objet du journal; je les visitois tous, à la même époque lunaire, et chez tous j'ai remarqué à peu-près, la même influence de cette planète, surtout aux points lunaires indiqués; mais on sent bien qu'il auroit été difficile de tenir, à chaque visite, une note aussi exacte de 50 fous environ, et cette seule difficulté fut la raison qui me détermina à n'en choisir que dix, sur le nombre total, pour la composition du journal que je projetois.

D'ailleurs, l'influence de la lune sur les aliénés, ne doit pas paroître un phénomène extraordinaire; puisqu'il est reconnu aujourd'hui, par la majeure partie des physiciens, que l'économie animale et la végétale éprouvent les diverses influences de l'atmosphère, ainsi que celles de ses variations. Les remarques que fait chaque année, le célèbre observateur et météorologiste *Lamarck*, ne laissent plus aucun doute sur ce point de la science; il a établi, cette année, dans son annuaire, non-seulement, ainsi qu'il le dit, des prédictions, mais des probabilités qui, à mon avis, équivalent presque à des certitudes, pour prévoir les changemens de tems. Or, d'après ses observations, il est positif que ces influences atmosphériques reconnoissent particulièrement pour cause, les différentes positions de la lune, par rapport à la terre dont elle est, comme on sait, le satellite ; et sur ce point il est même allé plus loin que l'abbé *Toaldo*. Il n'est pas douteux que, si le savant *Lamarck* avoit dirigé ses vues du côté des aliénés, comme il les a tournées du côté des changemens de tems, il auroit fait, avec le talent rare qu'il a d'observer, des découvertes d'autant plus précieuses pour l'humanité, qu'ici les faits sont plus aisés à être saisis, qu'il se rencontre moins de causes perturbatrices, et par conséquent moins qui puissent en masquer les résultats.

On pourroit peut-être demander comment la lune agit et influe sur les insensés ? je réponds, de bonne foi, que je n'en sais rien ; qu'il est assez difficile d'en rendre raison, et que ce phénomène n'est pas le seul en physique, que l'on ne puisse pas expliquer d'une manière satisfaisante ; mais, en physique, il faut d'abord s'assurer des faits, avant d'en chercher l'explication et la théorie : or, c'est un fait certain que la lune influe sur les corps organisés; presque tous les observateurs en conviennent, et des expériences journalières le prouvent d'une manière évidente; cette influence est même telle, que j'ai plusieurs observations d'attaques de paralysie et d'apoplexie, positivement survenues, le jour de la nouvelle ou de la pleine lune. Les Égyptiens avoient même, déjà anciennement, observé quelques indications de l'influence de la lune sur le singe.

Cependant je hazarderai quelques réflexions sur le mode, en vertu duquel la lune peut agir dans le cas dont il est question.

Il existe deux opinions, quant à la manière dont l'effet est produit par la cause des marées; et quoique ces deux opinions diffèrent entr'elles, elles se rapprochent cependant, en ce que toutes deux s'accordent à reconnoître l'astre lunaire pour cause principale : dans l'une, et c'est celle des partisans de *Descartes*, on prétend que cette planète agit par sa pression sur les eaux de la mer; dans l'autre, et c'est celle des Newtoniens, on l'attribue à l'attraction qu'elle exerce sur ces mêmes eaux. L'effet est le même dans les deux opinions, c'est-à-dire, celui de l'élevation des eaux; mais, comme on le voit, le mode d'action est différent.

On a observé, en général, que, par le grand accord des points lunaires dans lesquels on remarque les variations des marées, il arrive aussi des changemens très-sensibles dans l'atmosphère et dans l'état du ciel. Si donc la lune produit un pareil effet sur les eaux, elle doit en produire un bien plus marqué sur l'atmosphère, dont la mobilité est infiniment plus grande que celle de l'eau. L'atmosphère dans laquelle nous sommes, pour ainsi dire, comme dans un bain, n'influe-t-elle pas sur nos corps, tantôt par sa pesanteur, et tantôt par une autre qualité particulière? Ne nous trouvons-nous pas mieux à notre aise, lorsqu'elle est sèche, que lorsqu'elle est humide; lorsqu'elle est à un degré de chaleur tempéré, que quand elle est très-froide ou très-chaude ; et les personnes, dont le système nerveux est foible et délicat, n'éprouvent-elles pas, chaque jour, toutes les influences des différentes qualités que contracte l'atmosphère ambiante? Or, la folie étant une maladie absolument nerveuse, le cerveau des fous doit donc être infiniment plus susceptible de l'influence de cette atmosphère, qui reçoit elle-même des degrés d'intensité, suivant les différentes positions de la lune par rapport à la terre.

Si donc il est reconnu, par les observations, que les changemens de tems suivent assez régulièrement, à peu près, les mêmes points lunaires, pourquoi ne reconnoîtroit-on pas une action et une influence analogues sur l'air, et de celui-ci sur le cerveau des aliénés ?

La substance médullaire éprouve-t-elle chez eux une pression, et de cette pression en résulte-t-il une augmentation de désordre et de trouble dans leurs idées ; ou cette même substance subissant une sorte d'attraction qui l'élève contre la voûte du crâne, éprouve-t-elle, par cette élévation, un mouvement qui dérange le cours du suc nerveux ? c'est ce que je n'oserois pas décider ; mais de quelle manière que ce phénomène s'opère, on peut toujours en inférer que l'espèce de gêne, dans la quelle se trouve alors le cerveau des aliénés, produit une activité et une énergie plus grandes dans ses fonctions, chez les maniaques en général ; et que chez les fous tristes, taciturnes et mélancoliques, leur cerveau éprouve un effet tout contraire, et, à-peu-près, le même que celui de la cause qui amène la torpeur, l'assoupissement et le sommeil. D'ailleurs l'action du cerveau est encore si embrouillée parmi les physiologistes, et l'usage de plusieurs des parties qui le composent, si peu connu, qu'il est très-difficile de donner une explication plausible de ce phénomène, puisqu'on a vu différentes personnes avoir perdu une ou plusieurs fonctions intellectuelles, et cependant, en avoir conservé d'autres absolument intactes. Dans des questions aussi douteuses, l'ignorant croit; le demi-savant décide; l'homme instruit examine, et ne s'avise pas de poser des bornes à la puissance de la nature.

Ainsi donc c'est dans les sizigiès, c'est-à-dire, dans la nouvelle et dans la pleine lune, que l'influence est la plus grande, que le cerveau des fous est le plus exalté, et que le degré de leur folie est alors à son *maximum*. Au reste, ce *maximum* n'arrive cependant pas toujours précisément le jour du point lunaire affirmatif; quelquefois il le précède d'un ou deux jours; et alors l'aliéné en offre des avant-coureurs qui l'annoncent très-décidément; quelquefois aussi ce *maximum* se prolonge, pendant deux à trois jours, après le point lunaire affirmatif.

Or, d'après ce journal, je suis parvenu à déterminer sur plus de 800 visites qui peuvent être regardées comme des observations rédigées immédiatement après avoir quitté ces malades; je suis parvenu, dis-je, à déterminer la certitude de l'influence constante et réelle que la lune exerce sur les aliénés.

J'avois avancé, dans la première édition, que les nouvelles lunes et les derniers quartiers étoient, parmi les quatre

quatre points lunaires, ceux qui influoient le plus souvent et avec plus de force; et suivant le système de M. l'abbé *Toaldo*, j'ai appelé *points affirmatifs* ceux qui sont les plus influens, et *points négatifs* ceux qui le sont moins (1); mais je n'avois pas alors des données aussi nombreuses, ni des observations aussi positives, ni aussi répétées que je les ai aujourd'hui. Ce très-grand nombre de visites que j'ai faites aux fous, pendant le cours de seize années consécutives, sont le motif de cette seconde édition non-seulement augmentée de plusieurs obser-

---

(1) Pour se mettre bien au fait des points lunaires, on peut consulter les articles II, III, IV, V et VI, seconde partie de ma traduction de l'essai météorologique de *Toaldo*. On verra dans cet ouvrage que les nouvelles lunes, sur-tout quand elles concourent avec le périgée, ont déjà été observées, comme les points les plus affirmatifs, ou les points les plus changeans, c'est-à-dire, ceux qui influent le plus sur les changemens de tems.

vations, mais où j'ai encore rectifié plusieurs choses qui n'étoient point assez exactes ; dans la première je n'avois pas embrassé une assez grande multitude de points lunaires : séduit par quelques faits positifs qui me faisoient entrevoir la vérité, je les crû suffisans, pour établir que les nouvelles lunes et les derniers quartiers étoient les points les plus influens ou les *affirmatifs* (dans l'art d'observer, il arrive souvent qu'on ne découvre pas tout à la première vue, ou qu'alors quelques circonstances peuvent avoir échappé, ou s'être dérobées à l'œil de l'observateur) ; mais la suite de ce grand nombre d'observations m'a enfin convaincu que les derniers quartiers ne doivent être placés, quant au dégré d'influence, qu'après les nouvelles et les pleines lunes ; que ces deux dernières phases sont, de toutes celles qui ont la plus grande influence sur l'état des fous, et qu'elles doivent, à juste titre, être regardées comme les *points affirmatifs* par excellence. Cette assertion n'exclut pas, cependant, l'influence des premiers et derniers quartiers ; mais comme elle est positivement moindre que celle des deux autres, on les qualifie de *négatifs*.

D'ailleurs, il ne seroit pas étonnant que la nouvelle lune fût un des points lunaires affirmatifs ; puisque cette planète, alors entre la terre et le soleil, se trouve dans la position, que les astronomes appellent *en conjonction*. Au reste, comme les marées des nouvelles lunes, celles des équinoxes, élèvent plus les eaux, à cette époque, que dans les autres tems de l'année ; l'influence des nouvelles lunes de ce tems est, ainsi que dans les solstices, aussi plus grande sur les fous què dans les autres points lunaires : de là vient encore que, plus la lune est proche de la terre, plus son influence est grande ; et en effet elle ne l'est jamais autant que quand la nouvelle lune concourt avec son périgée et l'équinoxe.

Dans le moment même où j'écris, le 20 germinal an 12, je faisois la visite générale de tous les fous de l'hôpital ; et je m'attendois bien à observer une grande influence sur leur esprit, parce que la lune étoit tout-à-la-fois, ce jour là, *nouvelle* et *périgée ; la constitution boréale avoit commencé le 18 du même mois*, et *le lunistice étoit le 24* ; mais je ne les ai jamais vu, depuis que je les étudie, à un degré d'exaltation aussi prononcé qu'ils l'étoient en ce moment, sans en excepter aucuns, de quelle espèce d'aliénation qu'ils fussent atteint. Le concours de ces quatre différens points lunaires devoit donc avoir la plus grande influence, et chacun d'eux l'a en effet, éprouvée.

Une semblable observation vient à l'appui de toutes celles que j'ai faites jusqu'ici ; elle est incontestable, paroît être décisive, du plus grand poids, et confirmer l'effet d'une grande influence sur les aliénés.

Cependant il est essentiel de remarquer en outre, que l'influence de ces différens points est bien plus sensible, lorsqu'il s'y joint le périgée ou l'apogée, ou les lunistices de cette planète; ensorte qu'on peut regarder comme un fait certain, que la nouvelle ou la pleine lune qui seroit périgée et lunistice tout-à-la-fois, est le point lunaire qui a un très-grand dégré d'influence sur l'aliénation mentale, ou *le grand point affirmatif* : les autres influent ensuite, plus ou moins, à proportion de leur concours plus ou moins rapproché.

Il est donc certain et clairement prouvé, d'après les observations rédigées sur mon journal, que la folie est une maladie sur laquelle la lune exerce une influence constante et réelle.

Cependant je dois prévenir que

toutes les espèces de folie ne sont pas également susceptibles de cette influence lunaire; il y en a sur lesquelles elle est beaucoup plus marquée, et où elle a plus de force et d'empire : c'est encore une observation que j'ai eu occasion de vérifier et de constater plusieurs fois. Parmi les fous qui ont fait le sujet de mon journal, il y en a quelques-uns que j'ai regardé comme absolument incurables, et quelques autres qui, me paroissant susceptibles de guérison, ont en effet repris leur bon sens et leur raison; mais ce qui est singulier, c'est que les insensés que je jugeois encore pouvoir guérir, et qui, en effet l'ont été, étoient précisément ceux sur qui les points lunaires affirmatifs avoient le plus d'action pendant tout le tems de leur aliénation : la jeune fille entr'autres, qui fait le sujet de ma quatrième observation, devenue folle, parce que celui qu'elle étoit sur le point d'épouser, se maria avec une autre, m'a fourni une preuve bien suivie et bien circonstanciée de ce fait. Elle étoit parvenue au point le plus extrême de folie, et si elle en a parcouru tous les dégrés, je puis assurer qu'aucun des fous que j'ai observé, n'a peut-être jamais donné des marques aussi frappantes et aussi caractérisées de l'influence des points lunaires, que celle-là.

Parmi les dix fous choisis, il y en avoit qui étoient furieux, mais seulement par périodes, sans cesser cependant d'être constamment aliénés; quelques-uns étoient tombés dans une telle imbécillité, et dans une stupidité si complette, qu'ils approchoient de l'état des brutes; et d'autres qui extravaguoient continuellement, mais sans fureur, sans aucune malice, n'ayant jamais manifesté aucun dessein de nuire, et sembloient plutôt n'inspirer que de la pitié. Il est certain que de ces trois catégories de fous, les furieux sont beaucoup plus susceptibles de l'influence des points lunaires que les autres : peut-être aussi cette influence est-elle plus sensible chez eux, parce que la folie étant à son apogée, les fonctions du cerveau sont conséquemment plus exaltées, et s'exécutent avec une si grande rapidité, qu'alors toutes les idées se confondant, se brouillant, ne forment plus qu'un chaos épouvantable. Que si la folie ancienne, ou la folie incurable n'éprouve pas une aussi grande influence de la part de la lune que la récente, ou que celle qui est curable ; c'est sans doute, parce que la cause qui a produit la première, a jeté de si profondes racines, qu'elle paroît, en même tems, se trouver hors de la sphère des secours de la médecine ; et que l'effet étant plus inhérent, c'est-à-dire, le vice des organes affectés plus invétéré, il échappe en quelque manière, à l'impression lunaire, à celle des médicamens, et ne se manifeste réellement qu'à l'œil exercé de l'observateur attentif, ou de celui qui ne s'est point laissé séduire aux paresseuses et faciles illusions de la prévention contre ce système : je dis, *paresseuses illusions de la prévention* ; car la prévention n'est qu'un vrai empirisme moral, c'est-à-dire, une détermination de nos actions, fondée sur la coutume et l'exemple : on fait ce qu'on a toujours fait, ou ce qu'on voit faire ; cela favorise cette paresse naturelle qui paroit être dans l'ame, ce que l'inertie est dans le corps, et on se dispense alors d'une des choses qui coute le plus, *de la peine de raisonner.*

Le dernier quartier de la lune est après les points lunaires que l'on a indiqué ci-devant, c'est-à-dire, les nouvelles et les pleines lunes, celui qui a le plus d'influence sur les fous qui sont furieux, et même sur ceux qui sont incurables ; en sorte qu'il résulteroit que le premier quartier est des quatre, le moins influent. Il m'a paru avoir encore remarqué une différence, entre l'influence de cette planète, sur les folies simplement gaies, et celle qu'elle exerce sur celles simplement tristes et mélancoliques ; c'est-à-dire, qui ne sont accompagnées d'aucune malice, d'aucun acte de colère, et qui parcourent leur tems d'une marche à-peu-près toujours uniforme; car, sur ces dernieres, l'influence est manifestement plus sensible que sur les premieres.

Au reste, comme toutes mes observations relativement à l'influence de la lune sur la folie, ont toujours été faites le jour précis de chaque point lunaire ; cette exactitude m'a mis à portée d'en remarquer les plus petites nuances, et de voir que sur-tout ce jour-là, l'influence étoit décidément plus grande que dans les jours intermédiaires, elle s'annonçoit même déjà, dès la veille du jour auquel tomboit le point lunaire, et se faisoit encore sentir assez fortement, le lendemain de ce même jour. Pour mieux m'assurer de cette différence, j'ai eu, en outre, le soin de visiter mes fous dans les jours qui s'écouloient d'un point lunaire à un autre; et c'est en comparant les jours de la moindre influence de cette planète, avec ceux où elle influoit le plus, que je suis parvenu à découvrir et acquerir la certitude d'une différence aussi sensible.

L'hôpital des fous confiés à mes soins, m'a encore fourni l'occasion singulière d'observer le cas d'un aliéné et épileptique tout-à-la-fois, sur les accès épileptiques duquel la lune exerçoit aussi une influence décidée, chaque fois qu'il en étoit assailli. La folie triste, sombre et absolument mélancolique, consistoit en une légère aliénation d'esprit, qui avoit même des intermittences assez longues, pendant lesquelles il jouissoit de toute sa raison, mais ce qu'il y avoit de plus malheureux pour cet individu, réellement digne de la plus grande compassion, c'est qu'il éprouvoit l'influence des points lunaires affirmatifs, quant à sa folie; et de plus encore celle des points lunaires négatifs, quant aux attaques d'épilepsie, c'est-à-dire, l'influence des points qui, d'après l'observation, sont les moins influens; de manière qu'on pouvoit dire qu'il étoit, à proprement parler, un être privilégié pour subir doublement l'empire de la lune, et chez qui cette affreuse existence n'étoit qu'une succession continuelle d'assauts contre la plus belle portion de son organisation. Quoique cette observation particulière soit la seule que j'aie eu occasion de faire, et qu'elle ne paroisse pas prouver beaucoup, à cause de son isolement, elle n'en est cependant pas moins exacte et vraie, sous les rapports des deux affections, et si on parvenoit à en réunir plusieurs de la même espèce, on pourroit les considérer comme une loi constante et générale qui ajouteroit encore à la certitude du systême de l'abbé *Toaldo*.

La position du lieu où ont été faites mes observations, relativement à l'influence lunaire sur les fous, peut encore servir d'un surplus de preuve à ajouter aux autres; puisqu'il est reconnu que cette influence est infiniment plus sensible dans les pays voisins de la mer, que dans ceux qui en sont à une certaine distance; il faut donc qu'elle ait encore un degré de force bien considérable, pour se montrer avec autant d'énergie, dans mon pays qui en est assez éloigné. On trouve dans *le tome 2 de l'électricité du corps humain, par M. l'abbé Bertholon*, un journal du même auteur, dans lequel les accès périodiques d'un maniaque, étoieint parfaitement d'accord avec certains tems de la lune, et d'après ce journal, les accès avoient particulièrement lieu aux nouvelles et aux pleines lunes.

S'il avoit été possible de faire imprimer, à la suite de cet ouvrage, le journal que j'ai tenu sur mes fous, comme l'a fait l'estimable auteur que je cite ici (1). On ju-

(1) Outre que l'impression d'un pareil journal auroit rendu l'ouvrage trop volumineux, je craignois que la lecture n'en devînt, sinon ennuyeuse, au moins indifférente à la plupart des lecteurs, par les répétitions fréquentes qui s'y seroient nécessairement rencontrées, par des propos fidèlement recueillis, mais capables d'offenser leur délicatesse et leur honnêteté, et sur-tout par des conversations rendues dans toute leur intégrité, et qui, vu la liberté dont elles étoient le plus souvent accompagnées, n'auroient pu être confiées à la publicité typographique, sans blesser à la fois la société, et sans compromettre par là, évidemment la probité, et la discretion

geroit bien mieux, par les différentes conversations que j'ai eues avec eux, par la variété et la discordance des propos qu'ils me tenoient dans les nombreuses visites que je leur ai faites, de quelle force étoit l'influence lunaire; et combien il seroit difficile de la méconnoître dans tout ce qui les concerne. Les plus incrédules et les plus prévenus ne pourroient se refuser à un effet aussi sensible; les plaisans qui tournent tout en ridicule, seroient contraints d'abandonner leur arme favorite (parce que d'ailleurs, ridiculiser n'est pas répondre); et les gens de bonne foi conviendroient de la réalité de la chose, après l'avoir observée attentivement, fréquemment, et l'esprit dépouillé de toute espèce de préjugé. Et

---

du médecin qui soigne ces sortes de malades; circonstances qui, pour lui doivent être sacrées et à toute épreuve.

qu'on n'aille pas s'imaginer que ce soit, par une vertu secrète, que s'opère cette influence? nous ne sommes plus dans les siècles où les qualités occultes ont joué un si grand rôle, et où tout ce qu'on ne comprenoit pas, s'expliquoit par des vertus sympathiques, ou par celles du hazard; c'est un effet purement physique, produit par une cause purement physique, dont on peut voir la théorie dans la traduction citée ci-dessus : ce phénomène ne s'opérera, par une vertu secrète, que pour les ignorans qui ne veulent pas remonter aux causes; qui ne peuvent en concevoir l'enchainement, le rapport, ou qui se refusent à l'évidence et à la clarté de leur action. Enfin, ceux qui s'obstineroient à ne pas reconnoître l'influence des points lunaires sur les fous, devroient être cités et appelés pardevant eux, et dans leurs cachots; là, ils les suivroient, ils les observeroient à différentes fois, pendant les différentes phases de cette planète, et je réponds qu'ils en sortiroient pleinement convaincus?

Je termine ici tout ce que j'avois à dire, et tout ce que j'ai observé sur la folie proprement dite; il se présente cependant une question assez délicate, qui, selon le préjugé vulgaire, paroît être liée avec la folie, et appartenir autant à la médecine qu'à la morale. Cette question n'a peut-être jamais été examinée par les moralistes, ni par les médecins; il est même fort douteux que les auteurs qui ont écrit sur la médecine médico-légale, en aient fait mention dans leurs ouvrages, ou s'ils en ont parlé, peut-être ne l'ont-ils pas envisagée sous les deux points de vue suivant lesquels on doit les considérer. Je me garderai bien de l'approfondir dans tous ses rapports; et si, durant le cours de ma pratique, l'observation peut m'avoir fourni quelques notions physiques et médicales, pour la traiter relativement à l'art de guérir; je n'ai pas un assez grand nombre de faits pour la discuter relativement à la morale : une semblable question sembleroit cependant demander un examen sérieux et une decision positive, autant pour le bonheur de l'humanité, que pour la tranquillité des familles. Et comme elle intéresse, en général, toute la société, la philosoph[illegible] la médecine doivent réunir leurs efforts et leurs lumières pour la résoudre, et déterminer enfin ce à quoi on devroit s'en tenir.

Telle est la question, réduite à ses termes les plus simples : *celui qui commet un suicide, ou qui cherche à attenter à sa vie, par un moyen quelconque, sans quelquefois pouvoir y réussir, est-il fou ou non?*

Si, par le mot *fou*, on entend ce que signifie ordinairement cette expression parmi les médecins, il est certain qu'un *suicidiste* (1) ne peut pas être regardé comme un fou, et qu'il ne l'est pas du tout, dans le sens qu'on le donne à l'individu atteint de folie. Si au contraire on suppose que celui-là doit aussi être regardé comme fou, qui, dans le cours de sa vie, fait des actes opposés à la saine raison, et au bon sens; alors il y auroit peu de gens qui ne fussent dans le cas d'être fermés aux petites maisons, parce que, d'après cette manière de raisonner, il faudroit attacher à chacune de leurs actions, l'i-

(1) N'ayant trouvé nulle part, un terme pour désigner celui qui commet un suicide, j'ai osé employer ici celui de *suicidiste*, parce qu'outre qu'il est plus bref, il m'a paru aussi plus expressif, et offrir une idée plus simple, et plus claire. Au reste, tout comme on appelle *chymiste* celui qui cultive la chymie; *anatomiste* celui qui s'occupe d'anatomie, etc; j'ai pensé qu'on pouvoit aussi donner le nom de *suicidiste* à l'homme qui commet un suicide.

dée et le nom de folie; tout le genre humain ne seroit plus, selon ce sens, qu'une agrégation de fous; car il est difficile, pour ne pas dire impossible, qu'un homme n'ait pas commis, dans le cours de sa vie, quelques actions contraires au bon sens, ou à la raison; ce qui, comme on voit, seroit de la plus grande absurdité.

D'ailleurs, on a assez constamment observé que les vrais fous attentent rarement à leur vie; et les registres de mortalité des hôpitaux où ils sont détenus, en sont une preuve sans replique : la plupart meurent de maladies chroniques, qui sont, le plus souvent, des suites de cet état d'imbécillité dans lequel ils tombent presque tous; et quelques autres périssent de maladies aigues, tandis au contraire que ceux qui se sont donné la mort, de plein gré, n'étoient, certainement, que des êtres malheureux, faussement réputés pour fous, et qui se sont suicidés par désespoir, après avoir été sans doute renfermés, soit par manière de correction, soit pour cause de libertinage ou de prodigalité, soit, le plus souvent, pour des motifs secrets d'intérêt; aulieu que les fous qui, pendant le tems de leur folie, ont attenté à leur vie (quoique le cas soit trés-rare), avoient déjà été précédemment reconnus pour tels, long-tems avant leur mort, et traités pour cette maladie, avant leur réclusion; et qu'alors le traitement n'ayant pas réussi, on avoit été contraint d'en venir à ce dernier moyen, parce que ces sortes de malades sont plus aisés à être soignés dans les hôpitaux qui leur sont destinés, et peut-être, parce que voyant une incurabilité à peu près décidée, on cherche à s'en débarasser, en les séquestrant ainsi de la société. Les lois, d'ailleurs étoient, sur ce point, parfaitement d'accord avec la médecine : l'homme que celle-ci avoit déclaré être fou, et qui devenoit suicidiste, n'étoit point diffamé par celles-là ; son cadavre n'étoit point sujet à la condamnation déshonorante à laquelle l'étoient jadis les cadavres des vrais suicidistes ; on ne les privoit pas de la sépulture, leurs biens n'étoient pas confisqués, et on ne punissoit jamais que l'individu qui se tuoit de sang-froid, avec l'usage entier de sa raison, soit par la crainte d'un supplice quelconque, et croyant par là se soustraire au déshonneur qui s'ensuivoit, soit par quelque fausse démarche, et le plus souvent d'après une passion violente qui n'avoit pu ni être domptée, ni satisfaite. On a donc toujours présumé que le vrai suicide n'étoit point la maladie connue sous le nom de *folie* ; puisque les lois flétrissoient toujours celui-ci de toute leur sévérité, tandis qu'elles ne notoient jamais d'infamie les aliénés qui s'étoient donné la mort.

Au reste, combien n'y a-t-il pas d'exemples de personnes qui, ayant le dessein d'attenter à leur vie, quoiqu'elles ne fussent du tout point aliénées, n'ont pu parvenir à consommer cet acte, tantôt pour en avoir été empêchées par quelques causes imprévues, et tantôt parce que la douleur causée, d'abord par les moyens dont elles se servoient, les a retenues, les a détournées du dessein qu'elles avoient eu; ce qui est une preuve évidente que leur esprit et leur raison jouissoient de toute leur intégrité, et n'étoient aucunement altérés. D'ailleurs, comment accorder cette prétendue aliénation d'esprit, avec les combinaisons, souvent, le plus ingénieusement préméditées par la plupart de ceux qui ont l'idée de commettre un suicide? On les voit charger un pistolet, ou toute autre arme à feu, avec autant de tranquillité que s'ils vouloient aller à la chasse, ou entreprendre un voyage de long cours;

souvent même la manière avec laquelle ils cherchent à se donner la mort, exige des précautions qui supposent beaucoup d'intelligence et d'adresse : on observe, en effet, qu'ils usent, presque tous, de ruses et de supercheries, afin de se soustraire à l'importunité de leurs amis, ou de leurs proches, et pouvoir accomplir leur funeste projet, tout à leur aise. Veulent-ils se défaire de la vie, en se noyant? ils s'échappent de la société, ils fuyent, ils s'écartent des habitations ; et pour ne pas manquer leur coup, ils choisissent les rivières qui ont le plus de profondeur, ou celles dont le cours est le plus rapide : emploient-ils des cordons, ou quelques autres moyens propres à s'étrangler ? quelles combinaisons et quelle dextérité ne mettent-ils pas, dans la manière de les arranger ? et quelles ressources, souvent très-ingénieuses, ne trouvent-ils pas pour se défaire de ce prétendu fardeau de la vie, après la prolongation de laquelle tous les hommes, en général, soupirent ardemment; et, ce qu'on doit sur-tout remarquer, c'est que, quels que soient les moyens qu'ils emploient pour parvenir à leur but, ils les dirigent toujours sur les parties qu'ils savent être les plus essentielles à la vie, c'est-à-dire, la tête ou la poitrine, et choisissent presque toujours les plus prompts et les plus sûrs : est-ce un instrument tranchant? ils se servent de celui qui fera la plus large, ou la plus profonde blessure, et presque toujours de celui qui peut remplir les deux objets à la fois; est-ce un poison, c'est encore le plus actif? Enfin, toutes leurs manœuvres, toutes leurs vues, bien loin d'annoncer de l'aliénation, démontrent au contraire, une suite d'idées réfléchies, comparées, et tellement liées ensemble, qu'elle caractérise un jugement si sain, et un raisonnement si juste, qu'il est extraordinairement rare de rencontrer rien de semblable chez les aliénés; en sorte qu'ils parviennent presque toujours à leur but, c'est-à-dire, au suicide. Ainsi donc, d'après tout ce qu'on vient d'exposer, on doit conclure que le suicidiste n'est pas un fou, et qu'il ne peut, tout au plus, être regardé que comme un lâche et un vicieux; car la lâcheté n'est certainement qu'un vice de l'ame. Le suicidiste se détermine à cette action, parce qu'un chagrin, un déplaisir, ou une douleur, lui font trouver la vie insupportable; mais le courage sait résister à tous ces différens maux, parce qu'ils ne sont, ni sans ressource, ni durables comme la mort. Le principe qui fait agir celui dont l'intention est de s'ôter la vie, ne part que d'un faux raisonnement; celui d'imaginer que vivre dans le cas où il se trouve, est un plus grand malheur que mourir. C'est donc une opinion bien erronée, et un préjugé bien immoral, que d'appeller *un héros*, ou de croire *un esprit fort* celui qui sait se donner la mort; et il s'en faut de beaucoup, suivant moi, qu'on dût regarder comme tel, *Caton*, qui, n'ayant pas eu le courage de supporter la ruine de sa patrie, préféra la fausse gloire de se délivrer de la vie, tandis qu'il en auroit acquis une bien plus vraie, plus solide et plus brillante, en ranimant tous ses efforts pour la sauver. D'ailleurs, c'est un problême facile à résoudre, que de déterminer, si celui qui souffre avec fermeté un mal, ou physique ou moral, pendant un long tems, ne donne pas une plus grande preuve de courage et de grandeur d'ame, que celui qui, succombant facilement à ses maux, cherche à s'en délivrer par une action contraire aux mœurs, ou qui ne sait les endurer que pendant un tems très-court.

Qu'on ne donne donc plus le nom de courageux à celui qui commet un suicide ? il ne mérite que celui de *lâche* ; je ne connois rien dans le monde au dessous de lui. Qu'on cesse donc aussi d'attribuer à une élévation d'ame, et à une force d'esprit, ce qui n'est qu'un abaissement de l'une, et une foiblesse outrée de l'autre ? Ainsi, toutes les fois qu'un homme, par quels moyens que ce soit, attentera à sa vie, sans avoir donné précédemment quelques signes de folie, ou sans être atteint d'une fièvre ardente qui ait occasionné un transport subit au cerveau, cet homme, dis-je, n'est point un fou, mais un vrai suicidiste, dans toute l'étendue du terme ; il pourra, sous ce rapport, avoir plus de droit à notre compassion, qu'à notre estime ; parce qu'outre le vol qu'il fait au genre humain, en se privant d'un bien qui n'est pas à lui, et qui appartient, tout entier, à la société, il outrage encore la providence, en manquant absolument de confiance aux soins continuels qu'elle prend pour nous conduire au but moral qui nous est destiné. Laissons donc aux lois le soin d'exercer une vigueur philosophique, pour s'opposer à la contagion de cette espèce de délire épidémique, qui, dans ce siècle-ci, s'est malheureusement emparé de beaucoup de têtes; et abandonnons à la médecine, celui de chercher un moyen de parer à la folie; si ses expériences et ses observations peuvent parvenir à la prévoir, à la soulager, ou à la déraciner totalement, en découvrant des secours efficaces, jusqu'à présent encore trés-peu connus?

Je termine ici ce que mes réflexions, aidées d'une longue série d'observations exactes, ont pu me fournir sur ce qui regarde cette maladie si fâcheuse pour le genre humain, qu'on appelle *folie*. C'est au résultat des unes et des autres, que j'ai cru devoir donner le nom de *philosophie de la folie*; parce que, de tous les maux qui nous affligent, celui-là est peut-être un de ceux qui demande le moins des secours que fournit la pharmacie. On réussit infiniment mieux et plus sûrement, auprès des malades qui en sont atteints, par la patience, par beaucoup de douceur, par une prudence éclairée, par de petits soins, par des égards, par de bonnes raisons, et sur-tout par des propos consolans qu'on doit leur tenir, dans les intervalles lucides dont ils jouissent quelquefois. C'est à la réunion de tous ces moyens que j'attache ici le mot de *philosophie*; c'est d'eux, plutôt que de tout ce fatras de drogues, dont en général on surcharge les malades, que dépendent les succès qu'on obtient; et je soutiens que les secours moraux devroient, dans le plus grand nombre des cas, être les seuls qu'on dût employer. Car, il faut l'avouer avec candeur, et je fais ici ma profession de foi en médecine : croit-on que ce soit les remèdes et leur multiplicité qui, le plus souvent, ou qui toujours guérissent nos maux ? non, je le répète, c'est à la nature que nous devons la guérison de la plus grande partie des maladies; *natura morborum curatrix*; le médecin n'y a qu'une très-petite part, *medicus autem naturæ minister*, et les médicamens très-peu. Il faut savoir les apprécier à leur juste valeur, et ne pas leur donner une confiance plus étendue qu'ils ne la méritent. Rien ne décèle autant l'ignorance de l'artiste, que cette quantité et cette complication de drogues qu'il accumule dans ses ordonnances; c'est une preuve qu'il ne sait à laquelle il doit s'attacher, ou avoir le plus de foi; il donne à penser qu'il ne connoît pas la maladie, qu'il ignore l'action qu'ont les drogues, les unes sur les autres, dans leur mélange, et plus encore, les ressources de cette bienfaisante nature : son incertitude dangereuse lui vaut, alors, un ridicule qu'il a justement mérité. Il ne faut pas trop attendre de la médecine, ni cependant trop s'en défier. S'il y a des maladies dont la science n'a pas encore pu découvrir la nature, et s'il en est quelques-unes pour lesquelles elle ne connoît point encore de remèdes assurés, il est néanmoins certain qu'il y en a qu'elle traite, d'après des principes solides, dont la cure est presque infaillible; et l'expérience qui est tout dans l'art de guérir, a fait reconnoître bien des choses, dont la seule privation peut soulager, si elle ne peut guérir. Le médecin qui n'auroit d'autre talent que celui d'indiquer ces palliatifs, seroit déjà un conseiller utile, en ce qu'il laisseroit alors à l'économie animale, le tems de recouvrer ses forces, et de vaincre le mal avec plus de succès. Le ridicule dont on a souvent cherché à couvrir l'état de médecin, est des plus injustes; il en est peu de plus respectable et de plus utile, lorsqu'il est exercé avec noblesse (1); mais il s'avilit, lorsqu'il se fait un jeu de la crédulité humaine, et devient extrêmement méprisable, lorsque, par légèreté, par avarice, il donne le change au public, en annonçant de grands maux qui ne sont que petits, et des maladies mortelles, qui ne sont que de légères indispositions.

Il est permis à un médecin d'avouer ses craintes; il doit même avoir le courage de faire l'aveu de ses fautes, et son incapacité de guérir certains maux; mais celui qui, pour ménager sa réputation, hazarderoit la vie d'un

---

(1) Voyez l'ouvrage précieux, qui a pour titre: *du degré de certitude de la médecine*, *par* P. J. G. CABANIS, *membre de l'institut national des sciences, et du sénat conservateur.*

individu, deviendroit un assassin. Qu'on ne pense cependant pas que je veuille prétendre, par là, que le médecin et sa science soient tout-à-fait inutiles. Je ne dirai point comme *J.-J. Rousseau*, *que la médecine vienne sans médecin?* je dis, au contraire, que *le médecin vienne avec la médecine*, mais avec cette médecine dépouillée de son galimathias, de son charlatanisme, et sur-tout de cet appareil de drogues et de formules, dont elle est le plus souvent hérissée, et qui étouffe ordinairement le pauvre malade. J'entends qu'il vienne avec cet esprit observateur qui épie la marche de la nature, afin de la favoriser, afin d'aider ses pas, lorsqu'elle est sur la bonne route, et de l'en détourner, lorsqu'elle en prend une mauvaise : j'entends que le médecin vienne avec cette lenteur éclairée et réfléchie qui lui empêchera d'ordonner d'abord, à sa première visite, quelques médicamens actifs, incendiaires, souvent même avant que le caractère de la maladie soit bien développé; et sur-tout de donner, tête baissée, dans les remèdes nouveaux, dont tout le mérite consiste à être prôné par les papiers publics, et leur efficacité, à valoir de l'argent aux prôneurs et aux fourbes qui s'en disent les inventeurs : j'entends enfin que la médecine vienne avec cette philosophie douce et consolante qui paroît faire quelque chose, sans agir, et qui, sans vouloir d'abord considérer la maladie comme un ennemi, s'attache, au contraire, à la caresser pour ainsi dire, comme un ami, et à s'assurer, si les forces vitales qui constituent précisément ce qu'on nomme *la nature* en médecine, peuvent seules être suffisantes, avec quelques légers secours pour détriure les causes qui semblent vouloir éteindre le principe de la vie.

C'est sur-tout dans la plupart des maladies aiguës, où le médecin doit peu agir : livrées à elles-mêmes, elles guérissent presque toutes par la diète, par quelques boissons, par l'expectation judicieuse, et sur-tout par les efforts de cette bienfaisante nature. Donnez, dans ces cas-là, beaucoup de remèdes, vous êtes assuré d'intervertir son opération, de tout brouiller, et de finir par juguler le malheureux soumis à votre despotisme médical? Il n'en est pas tout-à-fait de même dans les chroniques, sur-tout dans celles qui sont susceptibles de guérison ; elles ont une marche, quoique moins saillante, semblable cependant à celle des maladies aiguës ; puisqu'on observe également chez elles, leurs commencemens, leurs états, leurs progrès et leurs déclinaisons. Un jour heureux viendra, sans doute, où l'on connoitra mieux l'ordre et les révolutions de ces maladies, comme on connoît l'ordre et les révolutions des aiguës : celles-là ont réellement besoin des secours de l'art, et d'un médecin, éclairé, et tout-à-la-fois expérimenté. Quelques remèdes simples, de l'exercice, une règle exacte dans le régime de vivre, de la constance de la part du malade à le suivre, et de celle du médecin à le faire observer, sont presque tout ce qu'il faut : mais dans les chroniques incurables ; souvenez-vous de n'ordonner que très-peu, et mieux encore point de remèdes ? soyez plus consolateur que médecin, et que vos consolations soient, sur-tout, données avec cette probité et cet honneur qui ne sont pas, dans bien d'occasions, les moindres qualités du médecin ? c'est là tout ce qu'on peut opposer à ces cruelles affections ; c'est tout ce qu'on doit mettre en usage auprès de ceux qui en sont attaqués. D'après un pareil aveu, on ne manquera pas, sans doute, de m'appeler *un faux frère*, à cause du septicisme avec lequel je traite la médecine. Toute la pharmacie et tous les médicastres éleveront, certainement, leurs clameurs contre moi; mais que m'importent leurs cris, lorsque celui de la conscience retentit encore plus fortement que tous ceux qu'ils pourroient faire entendre ? j'ose le prédire, il arrivera un tems, peut-être pas bien éloigné, où l'art de la pharmacie, et celui d'écrire des ordonnances deviendront des arts inutiles. Une infusion seule de quelques plantes, et quelques légers évacuans seront peut-être substitués à la quantité énorme des drogues de l'apothicairerie. La médecine la plus simple est celle que j'ai adoptée; je l'ai puisée dans *Hypocrate* (1) et dans les plus

---

(1) Malgré la thèse que vient de soutenir M. *Boulet*, *à l'école de médecine de Paris*, dans laquelle il prétend *qu'Hippocrate n'a peut-être jamais existé*, *et qu'il n'est qu'un être allégo-*

célèbres praticiens : et pourquoi ne

---

rique : toujours sera-t-il vrai de dire que, parmi toutes les allégories connues, c'est une des plus belles, des plus consolantes, et sans contredit, la plus précieuse pour le genre humain, par les bienfaits que lui ont rendu jusqu'ici, et rendront, jusqu'à la postérité la plus reculée, les écrits de ce génie qui, quoique supposé phantastique, n'en sera pas moins à jamais immortel. D'ailleurs, comment imaginer que, dans l'espace de plus de deux mille ans, depuis la prétendue naissance d'*Hippocrate* jusqu'à nous, aucun écrivain, parmi les astronomes, parmi les plus anciens historiens, et sur-tout parmi les médecins, n'ait jamais douté de son existence, et qu'aucune contestation n'ait jamais été élevée sur ce point ? *Galien* même, ce célèbre médecin aussi sincère admirateur, que commentateur fidèle des écrits d'*Hippocrate*, n'a jamais fait entrevoir, dans ses ouvrages, le plus léger soupçon sur l'existence de son maître. Au reste, l'expression (*n'a peut-être jamais existé*), dont se sert M. *Boulet*, suffiroit pour prouver qu'il n'est pas parfaitement sûr de la vérité de son assertion.

O *Hippocrate* ! O divin modele de tous les vrais médecins ! sors du tombeau, et tu ne seras pas peu étonné de voir qu'un sectateur de la croirois-je pas la meilleure, puisque je l'ai toujours observée mieux réussir que toute autre? ce paradoxe pourroit peut-être encore m'exposer au ridicule et au ressentiment des gens de l'art; mais la pensée *d'Helvetius* est encore ici ma seule réponse, *parce que*, dit cet auteur, *toute idée etrangère à notre manière de voir et de sentir, nous semble toujours ridicule. Nous n'estimons jamais que les idées analogues aux nôtres, parce que nous sommes dans la nécessité de n'estimer que nous dans les autres.*

Si je regarde l'abus des drogues et leur multiplicité, comme inutiles, et même comme dangereux pour la guérison des maladies du genre humain; il ne faudroit pas cependant croire que j'entendis par là, que le médecin ne doive pas être instruit de toutes

---

l'art sublime que tu as, pour ainsi dire, créé, a fait, voulant sans doute s'illustrer, un tour de force en érudition, pour te réduire au néant.

les autres connoissances qui peuvent avoir rapport à la médecine pratique. Ce seroit alors une espèce d'empirisme médical qui seroit encore plus à craindre. Parmi ces différentes connoissances, l'anatomie est, sans contredit, une de celles qui doit tenir le premier rang : c'est une science essentielle à acquérir, quoique, à la vérité, difficile et dégoutante. Elle est, non-seulement, absolument nécessaire à ceux qui se destinent à l'art de guérir; mais je soutiens qu'elle devroit encore faire une des parties essentielles de notre éducation; parce que, de tous les êtres qui composent l'univers physique, l'homme est celui dont la connoissance nous importe le plus : elle a toujours été l'objet de l'étude constante, et des recherches assidues des philosophes anciens et modernes, et des premiers législateurs des nations. En effet, n'y a-t-il pas une singularité bien extraordinaire dans notre mode d'instruction ? on commence à nous faire connoître tous les objets qui nous entourent, qui souvent nous sont totalement étrangers; et on nous laisse ignorer de quelle manière nous sommes organisés : l'homme avide et curieux de tout savoir, ne sait pas seulement comment il respire, comment il digère, et n'a pas la plus petite idée de la composition de ses sens. Croit-on qu'une légère notion de l'anatomie humaine ne seroit pas aussi utile, et bien préférable à mille futilités dont on se tourmente à meubler la tête des enfans de 8, 10, 12 et même 14 ans ? et l'étude de la fable, de la mythologie, de l'histoire et de plusieurs autres semblables, vaut-elle plus à cet âge que celle qui, certainement nous intéresse de si près, je veux dire, *la conservation de nous-mêmes* ? car il est positif que, quand même nous n'aurions qu'une connoissance superficielle de notre corps, nous en serions plus soigneux, et éviterions alors les excès en tout genre, auxquels nous nous livrons; les hommes seroient bien plus réservés, plus prudens pour ne pas entroubler les principales fonctions, et, il en résulteroit une amélioration assurée dans notre physique et dans nos mœurs. Ce n'est pas ici le lieu de détailler tous les avantages précieux que procureroit, à notre éducation, un précis d'histoire naturelle de l'homme; j'en fais assez entrevoir ici, et en dis suffisamment pour les personnes de bon sens, et qui voudront y réfléchir; mais j'en aurai toujours trop dit pour celles à qui la nouveauté d'un semblable projet paroîtra, ou ridicule, ou d'une exécution difficile, et qui doit, par conséquent, être exclus de nos premières études. La connoissance de l'anatomie nous met sans cesse sous les yeux les débris de la mort; c'est là où l'on cherche, dans des restes, à moitié corrompus, les causes de la vie, et les remèdes aux accidens qui la menacent : on ne mesure pas la patience et le courage dont on a besoin pour se livrer à cette partie de la science, ni combien on est redevable à ceux qui s'y sont dévoués particulièrement, qui, en recherchant les plus petits replis de notre organisation, y ont fait des découvertes qui annoncent autant la beauté de l'ouvrage, que la sagesse et la profondeur de l'ouvrier : ouvrage dont la démonstration seule seroit capable de guérir un athée de sa folie. Il est certain que celui qui possédera le mieux la connoissance de la structure humaine, sera aussi le plus en état d'en guérir les infirmités; parce qu'il est démontré que celui-là est le plus capable de racommoder une machine détraquée, qui en connoît parfaitement bien toutes les connexions et tous les ressorts.

Garantissez-vous sur-tout de toute espèce de système en médecine, comme de l'arme la plus dangereuse? *Hippocrate* n'en a pas embrassé d'autre que celui d'observer la nature, de la suivre, et dans les cas douteux, il portoit même la timidité jusqu'au point de ne pas oser l'interpréter. Les plus célèbres praticiens, tels que *Sydenham*, *Dehaën*, *Pringle*, *Wan-Swieten*, *Rosen*, *Sanchez*, *Antoine Petit*, *Dubreuil* et plusieurs autres de l'école de Paris, ne se sont point laissés infatuer de cet esprit systématique, dont plusieurs ont été attaqué sur la fin du siècle dernier, comme d'une espèce d'épidémie. *Brown*, médecin anglois, a voulu, dans ces derniers tems, en rajeunir un, dont il ne doit pas être regardé comme l'inventeur, puisqu'il l'a bâti sur l'ancien principe du *strictum* et du *laxum* d'*Hippocrate*, que celui-ci considéroit seulement comme une observation générale et un guide fidèle dans le traitement des maladies dont la cause étoit obscure et peu développée. *Brown* croyant simplifier son systême, en ne formant que deux classes principales de toutes les maladies connues; les *sthéniques*, qui sont le *strictum* du médecin de Cos, et les *asthéniques* qui sont celles de son *laxum*, *Brown*, *dis-je*, s'est totalement écarté de l'excellent modèle dont il s'est approprié l'idée. Ce systême qui, au premier aspect, paroît, à la vérité, fort simple et fort ingénieux, est d'autant plus dangereux que l'auteur anglais, doué d'une imagination tout-à-la-fois ardente et capricieuse, l'a embelli d'une théorie des plus séduisantes, et dans lequel il s'est encore servi de mots nouveaux et scientifiques, que ses vastes connoissances, dans plusieurs langues, lui ont fait sur-tout emprunter de la grecque.

Cependant, il faut oser le dire pour le bien de l'humanité, la doctrine de *Brown*, brillante en théorie, mais meurtrière, dès qu'on a voulu l'appliquer à la pratique, n'a été heureusement suivie, ni en France, ni en Allemagne, ni en Italie, que par un très-petit nombre de médecins qui, sans doute, ont voulu se singulariser, en adoptant cette nouveauté, et se sont comportés, dans ce cas, de la même manière que les élégans et les élégantes qui se piquent ordinairement, d'être les premiers à suivre les nouvelles modes : car la mode régne aussi dans les sciences, et la médecine a bien les siennes ; avec la différence qu'ici elles sont nuisibles au genre humain, au lieu que là, elles ne font qu'assurer le caprice et la frivolité. Ce systême a eu, sans contredit, quelques partisans outrés, parce qu'il est bien plus commode de n'avoir à combattre que deux genres de maladies, au lieu de cette multiplicité d'affections qui présente sans cesse le dérangement de l'économie animale, et dont l'étude continuelle oblige de vaincre la paresse de ceux qui, peu soigneux ou indifférens à nos maux, n'en veulent qu'aux émolumens de la science.

Le système *Brownien* a même été absolument rejeté par les médecins anglois, à cause des nombreuses victimes sacrifiées à cette nouveauté; et si, ce que j'ai peine à croire, il étoit vrai, comme on l'assure, que son auteur l'eût imaginé et publié pour ridiculiser la doctrine des professeurs d'Édimbourg, et sur-tout pour se venger du célèbre *Cullen* qui avoit d'abord été son protecteur, son ami, et puis son professeur, il y auroit, tout-à-la-fois, dans ce procédé, une ingratitude des plus noires, et une injustice des plus horribles.

Que reste-t-il donc à conclure, d'après ce qui vient d'être exposé, sinon qu'il n'y a rien d'aussi dangereux qu'un système dans la pratique de de médecine, et qu'il est d'expérience, que les médecins à systêmes tuent systématiquement leurs malades ? Ainsi donc, voulez-vous avoir des praticiens éclairés en médecine, et qui ne se méprennent pas dans la connoissance des maladies, ni sur le siège qu'elles occupent ? faites qu'ils soient bien instruits en physiologie, qu'avec la connoissance de cette belle partie de la science médicale, ils aillent dans un hôpital observer attentivement ce qui arrive aux malades, les symptômes qui accompagnent leurs maladies, et que là, ils suivent, d'un œil assuré, mais exact, la marche de la natu... Que de l'hôpital ils passent à un amphitéâtre anatomique, pour fouiller dans les cadavres les causes de la mort, et leurs effets sur l'économie animale ? Qu'ils comparent ensuite leurs observations pathologiques avec celles que leur auront fournies les dissections ; et ils appliqueront alors, avec assurance, des remèdes efficaces, dont toute la science suffit, et peut seulement consister, dans la connoissance de quelques plantes et de leurs vertus? car, que de compositions vieilles et inutiles renferment les boutiques des apothicaires, qui moisissent dans leurs pots, et dont il seroit peut-être dangereux d'éprouver l'ancienneté! D'après ces principes incontestables, parmi les milliers de maux qui nous assaillent journellement, quelle confiance devra-t-on donc avoir pour leur guérison, en ces brigands, dont regorge aujourd'hui la médecine, et qui, ne se doutant pas même de l'importance de l'anatomie, ne savent pas seulement comment est construit le bout de leur nez? gens, la plupart sans aveu, imposteurs d'autant plus à craindre que les lois, malgré leur vigueur, ne peuvent les atteindre pour en débarasser la société, et que l'ignominie ne peut les humilier. Ah! elles sévissent, à juste titre, contre les assassins particuliers qui attendent les passans sur les grands chemins; elles auroient bien tort, si elles se taisoient sur ces assassins publics, cent fois plus perfides encore; et qui, après avoir profité de la crédulité publique, finissent par faire tomber, sous leurs coups meurtriers, une foule de dupes, victimes malheureuses de leur ignorance et de leurs fourberies.

Je sais qu'on ne cesse de reprocher à la médecine, la pratique mal assurée des jeunes médecins; mais quoique ce reproche paroisse fort spécieux, il n'en est pas moins injuste. Il n'y a point de profession de qui la société exige autant; mais trop souvent aussi elle se relache des prétentions qui seroient les mieux méritées, à l'égard de ceux qui l'exercent avec candeur et dignité : souvent elle apprécie mal les sacrifices et les travaux que l'étude et l'exercice de la médecine nécessitent, ainsi que les soins et les services qu'elle rend. Une bonne renommée est sans doute un bien estimable; mais qu'est-ce qu'un bien que chaque méchant peut nous ravir? je regarde son suffrage comme une injure; il n'y a que celui des ames honnêtes qui doive nous flater, et celles-là ne sont ni promptes à le donner, ni promptes à le reprendre. Ce que l'on dira, ou ce que l'on pensera de nous, n'ajoute, ni n'ôte à notre mérite intrinsèque: blamé ou loué, le médecin est également le même homme. Si son mérite est tel qu'il doit être, la détraction ne peut l'abattre, l'éloge ne peut l'énorgueillir. Qu'un artiste, de quelle profession qu'il soit, gâte son ouvrage plusieurs fois avant de réussir à en faire un bon, on le lui pardonne, parce que les débris en sont, ou de peu de valeur, ou peuvent encore servir à quelque usage; si c'est un peintre ou un statuaire, il n'y aura que des couleurs, des toiles ou du marbre de perdus; mais en médecine on est inéxorable, parce que, c'est l'homme qui est le sujet sur lequel l'art s'exerce, parce que les plus petites fautes entraînent un danger avec elles, et que, si elles causent la perte d'un individu qui auroit pu guérir, cette perte devient irréparable. Si quelque chose peut dédommager la médecine de cet opprobre, tout-à-la-fois inique et cruel; c'est que, malgré cette fatalité attachée à son exercice, de grands hommes en médecine se sont cependant élevés au plus haut degré de célébrité. D'ailleurs, un médecin qui apporte dans son état un bon esprit, et le desir de le remplir sans reproche, sera toujours un médecin dont le public devra être suffisamment satisfait; il aura répandu le bonheur, parce qu'il aura été utile; il en aura joui, parce qu'il aura été sensible; supérieur au commun des hommes, par l'étendue de l'esprit et des connoissances, il faut qu'il le soit aussi par les qualités du cœur, c'est-à-dire, qu'il ait, tout-à-la-fois, la probité et l'habileté : le vrai savoir même, lorsqu'il est séparé de la probité, n'est qu'un titre de plus à la haine, parce qu'il augmente le pouvoir de nuire, et qu'il peut être également le partage de l'ame la plus vile; *medicus est vir probus, medendi peritus*; et cette probité, qualité que l'on croit si aisée dans la plupart des professions, l'est infiniment moins dans celles qui sont publiques et importantes comme la médecine; elle doit être au point de se refuser même les douceurs du sommeil, s'il pouvoit en résulter un soulagement pour qui que ce fût.

Telles sont les réflexions où la folie en général, et peut-être la mienne en particulier, m'ont entraîné; et je serois bien heureux d'être atteint de celle dont je viens de tracer les caractères. Toutes mes vues du moins, et tous mes efforts tendent à ce but; parce que chacun aime à être fou à sa guise. J'ai appelé, en écrivant, toute ma raison à mon secours; j'ai pris tous les renseignemens possibles sur le sujet que j'ai traité, et l'observation a été mon guide principal. Je ne me suis pas contenté des méditations et des recherches que j'ai faites, j'ai encore consulté des amis, et j'ai éprouvé combien il est doux d'en avoir de vrais dans toutes les occasions de la vie : trop heureux, si j'avois dit tout ce qu'il faut, si je n'avois dit que ce qu'il faut, et si je l'avois dit comme il faut ! Dans une condition riche, l'esprit indépendant de tout soin et de toute servitude, développe ses secrets et ses ressorts, et n'est point arrêté dans sa marche, par des considérations humaines, par des projets ambitieux, par l'amour du salaire : et bien, quoique dans une condition médiocre, j'ai cru devoir dire la vérité, parce que je la pensois; et comme je lui rendrai toujours un hommage fidèle et sincère, si je me suis trompé, si j'ai pris ses apparences pour la réalité même, je serai toujours aussi courageux à reconnoître et avouer mon erreur, que je l'aurai été à la soutenir et à la publier.

FIN.

OMISSION A LA PAGE 93.

N'est-il pas étonnant que, parmi toutes ces recherches aussi intéressantes que curieuses, aucune n'ait été dirigée sur les crânes des aliénés. Je ne serois pas éloigné de penser que si le docteur *Gall*, comme il paroît l'insinuer dans son ouvrage (1), s'étoit borné à n'examiner, avec la plus scrupuleuse exactitude, que la seule structure du cerveau de différens aliénés, et la seule forme extérieure de leurs différens crânes, il auroit découvert une multitude de preuves favorables à son système, qui, quoique paroissant d'abord un paradoxe, présente cependant des faits parfaitement d'accord avec la lésion de certaines parties

(1) Voyez l'exposition du docteur *Gall*, par *J. L. Moreau* de la Sarthe, au N°. 12 de la Décade philosophique, littéraire et politique, an 12.

de cet organe, ou avec l'altération dans la forme des os du crâne. Peut-être que le système de ce savant donnera lieu à des recherches plus approfondies de la part des anatomistes, sur la substance du cerveau, et particulièrement sur plusieurs des diverses et si singulières parties dont il est composé. Ce système doit servir d'aiguillon à de laborieuses perquisitions, et l'analogie, d'après les découvertes surprenantes, faites dans ces derniers tems, nous porte à croire que la postérité rendra justice un jour à celui du docteur allemand.

Quant à moi, sans avoir pu me procurer les moyens et la facilité de me livrer à de semblables recherches sur les fous de l'hôpital confié à mes soins; le hazard m'a cependant fourni l'observation suivante, sur la forme du crâne d'un des dix fous de mon journal.

OBSERVATION.

Un homme âgé de plus de 70 ans, fou depuis plus de 40, est mort maniaque, après avoir vécu, dans cet état, durant ces 40 dernières années de sa vie. Il étoit d'un tempéramment très-robuste, ses camarades de collège lui avoient reconnu de l'intelligence et une imagination très-vive pendant son cours d'étude; mais il étoit si volage dans toutes ses idées, et si pétulant dans toutes ses actions, qu'ils l'appeloient déjà le *fou*. Comme il avoit la tête absolument chauve, et qu'il étoit très-facile de découvrir la forme de son crâne; j'eus fréquemment occasion d'y remarquer une dépression très-profonde, assez étendue au-dessus de l'oreille gauche, à laquelle participoient sur-tout les os temporal, pariétal, et une partie de l'occipital du même côté. Cette dépression étoit même telle qu'elle devoit certainement comprimer les parties de la substance du cerveau, subjacentes, et par cette compression, avoir causé nécessairement une altération et un dérangement dans les fonctions de ce viscère.

Cette dépression me paroissant très-ancienne, et datant peut-être de sa naissance, je cherchai plusieurs fois à recueillir quelques informations de lui-même, comment et depuis quand elle existoit; mais il ne me fut jamais possible de rien en apprendre, de quelle manière que je m'y sois pris; bien au contraire, chaque fois que j'essayois de lui en parler, il entroit dans des fureurs menaçantes, accompagnées de juremens horribles, et l'état où je l'ai vu si souvent dans ce moment, me fit renoncer au projet que j'avois de m'en instruire. Il est possible qu'il portât cette difformité sans s'en être jamais apperçu; et il paroît assez vraisemblable qu'elle a été la cause de ce commencement d'aliénation, dont ses camarades, d'après la bisarrerie de son caractère, avoient déjà, sans s'en douter, apperçus les signes précurseurs.

ERRATA.

Page 20 de l'avant-propos, *ligne* 2, combien donc ; *lisez* combien dont.

P. 32, à la fin de la *ligne* 15, au lieu d'un point, *il faut* celui d'interrogation.

P. 40, *ligne* 17, p. 41, *ligne* 13, et p. 69, *ligne* dernière, au lieu de vesicatoires, *lisez* vésicatoires.

P. 92, *note* 2, Physiogonomie ; *lisez* Physiogonomonie.

P. 184, *ligne* 23, qu'elles devinssent ; *lisez* qu'ils devinssent.

P. 184, *ligne* 21, forts exacts, *lisez* ; fort exacts.

P. 208, *ligne* 27, de 3 à 4 ans ; *lisez* de 3 ou 4 ans.

P. 213, *ligne* 10, n'a jamais ; *lisez* ne n'a jamais.

P. 255, *ligne* 16, qu'ils ne la méritent ; *lisez* qu'ils ne méritent.

P. 259, *ligne* 22, détriure ; *lisez* détruire.

P. 261, *ligne* 3, et d'un médecin ; *lisez* d'un médecin.

www.ingramcontent.com/pod-product-compliance
Lightning Source LLC
LaVergne TN
LVHW020619110826
845149LV00002B/523

* 9 7 8 2 0 1 2 7 9 6 1 5 7 *